# LA MONEDA QUE CAYÓ DE UN ÁRBOL

José Antonio Fuentes y Colín

Copyright © 2018 José Antonio Fuentes y Colín

©Alle Rechte vorbehalten.

*Kein Teil dieses Werkes darf in irgendeinerForm (z.B. Fotokopie, etc.) ohne schriftliche Genehmigung des Autors reproduziert, vervielfältigt oder verbreitet werden.*

ISBN-13: 978-1987557268

ISBN-10: 1987557263

# ÍNDICE

| | |
|---|---|
| LA PRINCESA DE LAS ROSAS | 1 |
| LA PALOMA DE SANGRE AZUL | 13 |
| LAS PEQUEÑAS MARAVILLAS | 26 |
| UNA HISTORIA DE CHINA | 36 |
| LA PALABRA MÁGICA | 44 |
| EL SOL, LA LUNA Y LA VERDAD | 54 |
| BOABDIL | 62 |
| LA MONEDA QUE CAYÓ DE UN ÁRBOL | 79 |
| ¿QUÉ FUE AL-ANDALUS? | 89 |
| NOTAS | 92 |

## LA PRINCESA DE LAS ROSAS

Un día, el príncipe Mohammed entra apresurado[1] en el salón real[2].

—¡Padre, quiero casarme[3]! —le dice Mohammed al rey de Córdoba, Abd-ar-Raman, mirando al suelo como acostumbra cuando le pide algo.

—¿Cómo es que quieres casarte de pronto[4]?

—Ya es primavera y, en lugar de[5] alegrarme por ello, nunca me he sentido tan solo.

—Ese es un signo[6] inequívoco[7]. Está bien, ya estás en edad[8]. Tu madre, acompañada por dos testigos[9], como es la costumbre, buscará a la más adecuada[10] de todas las jóvenes casaderas[11] y la pedirá en matrimonio[12] en tu nombre.

—No, padre, yo mismo quiero buscar a mi novia[13]. Deseo verla con mis propios ojos.

---

[1] apresurado — eilig
[2] real — königlich
[3] casarse — heiraten
[4] de pronto — plötzlich
[5] en lugar de — stattdessen
[6] el signo — das Zeichen
[7] inequívoco/a — eindeutig
[8] la edad — das Alter
[9] el, la testigo — der Zeuge/die Zeugin
[10] adecuado/a — geeignet
[11] las jóvenes casaderas — die Mädchen im heiratsfähigen Alter
[12] pedir en matrimonio — einen Heiratsantrag machen
[13] la novia — die Freundin, die Braut

—¿Sabes que será muy difícil? Aunque la tradición del velo[14] no es tan rigurosa en nuestro reino, como en Oriente, será difícil elegir[15] solo mirando a los ojos de una mujer.

—Los ojos son la ventana del alma, y el espíritu me interesa más que la belleza física —Mohammed contesta con orgullo para demostrar al padre su madurez[16].

—Ya veremos si sigues pensando así dentro de unos años, pero si tú lo deseas... así será. ¿Dónde quieres buscarla?

—En Sevilla, padre. Se dice que allí viven las mujeres más bellas[17] de Al-Andalus.

—¡Qué Alá te ayude, hijo mío! Despídete[18] de tu madre antes de partir.

Mohammed sale al amanecer montado[19] en su caballo blanco. Después de pocos días, no lejos de las puertas de Sevilla, encuentra a un hombre que cosecha[20] rosas junto a una torre[21]. Una mujer joven las pone a secar. Como Mohammed tiene sed, se acerca, los saluda[22] y les pregunta en mozárabe[23]:

---

[14] el velo — der Schleier
[15] elegir — auswählen
[16] la madurez — die Reife
[17] bella/o — schön
[18] despedirse — sich verabschieden
[19] montar — reiten
[20] cosechar — ernten
[21] la torre — der Turm
[22] saludar — begrüßen
[23] mozárabe — lengua del Al-Andalus (ya muerta)

—¿Tenéis agua para mí y mi caballo[24]?

—Sí tenemos, viajero. Acércate. ¡Toma! Este cubo[25] de agua es para tu cabalgadura[26]. Traeré una jarra[27] de agua fresca para ti —la mujer contesta desinhibida[28] también en mozárabe.

Mientras Mohammed bebe, mira a la joven. Su pelo es negro, sedoso[29] y ondulado[30]. Sus ojos verdes le recuerdan los olivos, pero lo que más le atrae de ella, sin duda, es su sonrisa y los dos hoyuelos[31] que se le marcan en las mejillas. Es hermosa, tan hermosa que empieza a sentir algo desconocido dentro del cuerpo y en el alma. «Con seguridad es eso que llaman amor», piensa.

—¿Cómo te llamas? —le pregunta.

—Me llamo María, pero me dicen la Princesa de las Rosas.

—¿Qué estáis haciendo?

—Extendemos los pétalos[32] para secarlos al sol. Después, los guardamos en vasijas de barro[33]. Con ellos preparamos agua de rosas.

—¿Dónde vives? —el príncipe vuelve a preguntar.

---

[24] la sed — der Durst
[25] el cubo — der Eimer
[26] la cabalgadura — das Reittier
[27] la jarra — die Kanne
[28] desinhibida/o — ungehemmt
[29] sedoso/a — seidig
[30] ondulado — gewelltes Haar
[31] el hoyuelo — das Grübchen
[32] el pétalo — das Blumenblatt
[33] la vasija de barro — der Tonbehälter

—En la torre. La vista más hermosa de Sevilla puede contemplarse desde ella. Nunca me iré de aquí —suspira[34] y se marcha[35] para continuar con su trabajo.

—Anciano, ¿quién es esta joven? —pregunta el príncipe.

—Ya te lo ha dicho. Se llama María, es mi hija.

—¡Quisiera casarme con ella!

—¿Quién eres tú?

—Soy el príncipe Mohammed, heredero[36] de estas tierras. Mi padre es el rey Abd-ar-Raman.

—Somos tus servidores[37]—contesta el anciano mientras se inclina[38]—. Cumpliremos[39] tus deseos con alegría.

—Te lo agradezco. Iré a notificar a mi padre que Alá me ha enviado a la mujer que compartirá este reino conmigo. Volveré muy pronto.

Mohammed monta de inmediato[40] en el caballo blanco y se marcha rumbo[41] al palacio de su padre.

—Padre, me he enamorado de la hija del Sultán de las Rosas —le dice emocionado.

---

[34] suspirar — seufzen
[35] marcharse — fortgehen
[36] el, la heredero/a — der Erbe, die Erbin
[37] el, la servidor/a — der, die Diener/in
[38] inclinarse — sich verbeugen
[39] cumplir — erfüllen
[40] de inmediato — sofort
[41] el rumbo — die Richtung

—¿Es que las rosas tienen ahora un sultán?

—Sí, y quiero casarme con ella. Es tan bella como una estrella. No soporto estar un minuto sin mirarla.

—Se nota que estás muy enamorado —contesta el rey acariciándose la barba—. Espera a que tu madre vaya a conocer a la familia del Sultán de las Rosas —añade[42] a punto de[43] soltar una carcajada[44].

Tres días después, la reina sale en dirección a la humilde[45] torre. Cuando ve a la joven, piensa que su hijo no ha exagerado[46]; en realidad es muy guapa, una futura digna[47] reina.

—Querida, soy la madre del príncipe Mohammed. Él estuvo aquí y habló contigo hace tres días. Se ha enamorado de ti a primera vista[48]. Vengo a pedir tu mano[49] para mi hijo.

—¿Cómo? ¡¿El joven[50] tan guapo y simpático es el hijo del rey?! —pregunta mirando a su padre—: ¿Tú lo sabías?

—No creí que hablara en serio[51]. Por eso no te he dicho nada, para no perturbarte[52] —contesta él aver-

---

[42] añadir — hinzufügen
[43] a punto de — kurz davor zu
[44] soltar una carcajada — loslachen
[45] humilde — ärmlich
[46] exagerar — übertreiben
[47] digna — würdig
[48] a primera vista — auf den ersten Blick
[49] pedir la mano — einen Heiratsantrag machen
[50] el/la joven — der junge Mann, die junge Frau
[51] hablar en serio — im Ernst sprechen
[52] perturbar — beunruhigen

gonzado[53].

—Tu hijo no habla castellano, ¿verdad? —la joven le pregunta a la reina con una sombra[54] en la voz.

—Solo mozárabe y la lengua[55] del profeta, el árabe.

—Entonces, no me casaré con él.

—¿Por qué?

—Porque mi alma habla en castellano, que es mi lengua materna[56]. Quiero a un hombre que la comprenda... es el idioma de mi corazón.

—Hay un noble[57] del norte que ha pedido la mano de mi hija y vendrá por ella en la próxima luna llena, dentro de veintiocho días —interviene[58] el padre.

—Sin embargo, seré la mujer del príncipe si aprende mi lengua en ese tiempo —agrega María.

La reina se marcha[59] enfadada[60]. Dos días después, se presenta frente al rey y al príncipe.

—La joven de las rosas no quiere casarse contigo —le dice a Mohammed con una mirada de compasión[61]—. Es mejor que la olvides.

—¿Cómo es posible que una plebeya[62] rechace a

---

[53] avergonzado/a — beschämt
[54] la sombra — der Schatten
[55] la lengua — die Sprache
[56] lengua materna — die Muttersprache
[57] el noble — der Adlige
[58] intervenir — sich einmischen
[59] marcharse — weggehen
[60] enfadar — ärgern
[61] la compasión — das Mitleid
[62] plebeya/o — plebejisch

nuestro hijo? ¿Está loca? ¿Por qué? —pregunta el rey.

—Solamente quiere a un hombre que hable castellano, afirma[63] que es el idioma de su corazón.

—Es mejor así. Olvídala —el rey aconseja[64] al príncipe sacudiendo[65] la cabeza—. Es lo mejor —repite en voz baja para sí mismo.

—¡Jamás! Tiene que haber una solución. Regresaré para hablar con ella, aprenderé su lengua...

—Debes hablar castellano antes de la luna llena; si no[66], la perderás para siempre —interrumpe la reina—. Esa fue la condición. Un noble cristiano vendrá ese día para casarse con ella.

—¡Veintiséis días! ¡Imposible! ¡Nadie puede aprender una lengua extranjera en tan poco tiempo! —exclama[67] el rey.

Sin hablar, el príncipe sale del salón real.

—Nada es definitivo a excepción de la muerte. Le ofreceremos una fortuna —añade el monarca.

—La joven mujer no es de las que se venden. No lo creo, habla demasiado sobre el corazón. Mejor busquemos a alguien que le enseñe[68] la lengua en ese tiempo —dice la reina.

Al día siguiente, el príncipe amanece con fiebre y

---

[63] afirmar — behaupten
[64] aconsejar — raten
[65] sacudir — schütteln
[66] si no — wenn nicht
[67] exclamar — schreien
[68] enseñar — lehren

deja de comer. Sus padres, alarmados, aceleran[69] la búsqueda de los mejores maestros de la mezquita. Al cabo de[70] dos días, los más sabios se reúnen en el palacio real.

—¿En cuánto tiempo puedes enseñar a mi hijo a hablar castellano? —pregunta el rey, acompañado por la reina, a cada uno de los sabios.

—Por lo menos[71], dos años. La gramática es mucha —contesta el primer maestro.

—Un año y seis meses. La pronunciación, tú sabes... —responde el segundo.

El rey continúa preguntando. El que menos tiempo ofrece se queda en seis meses. Ya casi de noche solo le falta preguntar a un maestro que, distraído[72], mira por la ventana todo el tiempo.

—Oye, acércate —le ordena el rey molesto por la indiferencia que muestra—. ¿A qué has venido?, ¿a hablar conmigo o a mirar por la ventana?

—Disfruto la vista de tus jardines con las diferentes luces del día.

—¿En cuánto tiempo enseñarías a mi hijo a hablar castellano? —pregunta el rey sin esperar una respuesta interesante.

—¿Tu hijo lo desea ardientemente[73]?

---

[69] acelerar — beschleunigen
[70] al cabo de — nach
[71] por lo menos — mindestens
[72] distraído/a— geistesabwesend
[73] ardientemente — sehnlich

—¡Qué pregunta! Claro, es su mayor deseo. Por eso estás aquí.

—Necesita hablarlo antes de la luna llena para conquistar a una joven mujer —interviene la reina.

El maestro se echa a reír[74].

—Entonces, no habrá dificultad alguna. Veinticuatro días de aprendizaje[75] serán suficientes.

—¡Veinticuatro días! ¿Estás seguro de lograrlo[76]? —el rey pregunta escéptico[77].

—Yo no lo lograré, sino[78] él. El amor mueve montañas.

—Te cortaré la cabeza si fracasas[79].

—Así será, majestad[80].

Aquella misma tarde, el príncipe y el maestro se encuentran por primera vez en una sala del palacio. El príncipe se ve demacrado[81].

—¿Por qué quieres aprender castellano?

—Es la lengua de la mujer que amo, mi padre ya te lo dijo.

—Solo quería asegurarme[82] —contesta sonriendo el

---

[74] echarse a reir — loslachen
[75] el aprendizaje — das Erlernen
[76] lograr — schaffen
[77] escéptico/a — skeptisch
[78] sino — sondern
[79] fracasar — scheitern
[80] la majestad — die Majestät
[81] demacrado — abgemagert
[82] asegurarse — vergewissern

viejo maestro.

—¿Crees que podré hablarla en tan poco tiempo?

—Tú no, tu corazón lo hará.

—¿Mi corazón? Pero ¿cómo?

—No tienes que poseer[83] a la lengua, sino dejar[84] que ella te posea a ti.

—No comprendo —responde el príncipe confundido[85]—. ¿Cómo lo hago?

—Con alegría, curiosidad[86] y entusiasmo[87], como el niño que pronuncia[88] sus primeras palabras. Permite que la razón[89] sirva[90] a la intuición.

Así pasan los días: ríen[91], hablan, cantan y gozan[92] con la nueva lengua. También estudian gramática, pero juega un papel secundario[93] en el aprendizaje.

—Concéntrate en la melodía y en la belleza de las palabras —le insiste[94] el enseñante.

De ese modo, llega la tercera[95] noche antes de la luna llena.

---

[83] poseer — besitzen
[84] dejar — erlauben
[85] confundido/a — durcheinander
[86] la curiosidad — die Wissbegier
[87] el entusiasmo — die Begeisterung
[88] pronunciar — aussprechen
[89] la razón — der Verstand
[90] servir — dienen
[91] reír, riendo — lachen, lachend
[92] gozar — genießen
[93] jugar un papel secundario — eine untergeordnete Rolle spielen
[94] insistir — bestehen
[95] el tercer, la tercera - der/die Dritte

—Mañana partiremos —dice el maestro.

—¡Pero aún no me siento seguro! —protesta el príncipe.

—La cabeza duda[96], pero el pecho[97] te dictará las palabras. Déjalo hablar.

Temprano, parten hacia la torre a la mañana siguiente. Cuando se aproximan a ella, ven al anciano y a su hija que cosechan[98] las rosas y extienden los pétalos al sol.

—Me siento nervioso[99] —le confiesa el príncipe a su maestro, todavía montados en los caballos.

—Respira profundo y admira[100] la belleza de tu amada[101]. El resto será fácil.

Mohammed baja del caballo, se acerca a la joven, la mira a los ojos y le pregunta en castellano:

—¿Quieres ser mi esposa?

Al escuchar a Mohammed hablar en su lengua, la joven se maravilla[102]; le fascina aquel castellano con un ligero acento mozárabe.

Después de servir agua, té y frutas, la muchacha[103] pasa toda la tarde con el príncipe hablando, conociéndose.

---

[96] la duda — der Zweifel
[97] el pecho — die Brust
[98] cosechar — anbauen
[99] nervioso — nervös
[100] admirar — bewundern
[101] la amada/ el amado — die, der Geliebte
[102] maravillarse — sich wundern
[103] la/el muchacha/o — das Mädchen, der Junge

Cuando se despiden por la noche, ella le dice:

—Seré tu mujer.

La boda entre la Princesa de las Rosas y Mohammed fue la más alegre de aquellos tiempos en el reino de Córdoba. El príncipe mandó[104] renovar[105] la humilde[106] torre con lujosos[107] interiores y la cubrió de oro. Ambos pasaron muchos años felices en ella, y sus hijos crecieron entre las flores hablando mozárabe y castellano.

---

[104] mandar — beauftragen
[105] renovar — renovieren
[106] humilde — ärmlich
[107] lujoso/a — luxuriös

# LA PALOMA DE SANGRE AZUL

En una de las muchas teterías[108] de la ciudad de Córdoba se encuentran dos amigos; uno es más viejo que el otro; uno es musulmán y el otro, el joven, católico.

—Nos conocemos desde hace tiempo, pero aún sé poco de tu familia. ¿Cómo se llama tu mujer? —pregunta el católico.

—¿Cuál de las dos?

—¡Ah! ¿Tienes dos?

—Sí, por supuesto. Una se llama Fátima y la otra Jazmín.

—Vosotros, los musulmanes, tenéis mucha suerte —contesta el más joven—. Pero cuéntame, ¿cómo es la vida con dos mujeres?

—¡Es la gloria[109]! —dice suspirando[110] el de mayor edad y deja la pipa de agua a un lado para poder expresarse[111] mejor con la ayuda de las manos—. La va-

---

[108] la tetería — das Teehaus
[109] la gloria — die Glorie
[110] suspirar — seufzen
[111] expresarse — sich ausdrücken

riedad[112] es el regalo más valioso de la vida. Una noche me envuelve[113] el perfume de Fátima y la siguiente, el de Jazmín.

Los ojos del católico irradian[114] admiración y envidia[115]. «Mi amigo vive como en el paraíso. ¿Por qué no gozar las delicias de dos néctares[116] como él?», piensa.

—¿No se ponen celosas[117]? —pregunta con curiosidad[118] el joven.

— Trato de darles a las dos lo mismo. No privilegiar[119] a ninguna es muy importante.

—Voy a hacerlo como tú. Siempre ha sido mi sueño tener dos mujeres.

—Pero tú eres católico.

— ¿Y qué?[120] Cambiaré de religión, no seré el primero ni el último que lo haga.

—Piénsalo bien, pero si te decides yo te puedo ayudar.

—¿Cómo?

—Con consejos.

---

[112] la variedad — das Allerlei
[113] envolver — einwickeln, einhüllen
[114] irradiar — ausstrahlen
[115] la envidia — der Neid
[116] el néctar — der Nektar
[117] ponerse celoso/a — eifersüchtig werden
[118] la curiosidad — die Neugier
[119] privilegiar — privilegieren
[120] ¿Y qué?— Na und?

—Dime uno, el más importante.

—A mí me ha resultado útil[121] regalarles a ambas[122], siempre lo mismo. Puedo recomendarte a un joyero[123] que sabe mucho de estas cosas.

Aquel mismo día, el hombre joven habla con su mujer.

—Amada esposa, pronto cambiaremos de religión. Seremos «muladíes», cristianos convertidos al Islam.

—¡¿Has perdido la razón?!

—No, al contrario[124]. Piensa en las ventajas que tendremos si nos convertimos.

—¿Cuáles?

—Menos impuestos y un mejor trabajo. Tal vez un día llegaré a ser consejero en la corte u ocuparé algún puesto[125] importante en el gobierno. Ganaré más dinero y tú vivirás como una reina.

—No, ni lo pienses. ¿Qué dirán nuestros familiares, los amigos y la propia Iglesia? Nadie querrá hablar con nosotros.

—Tendrás esclavas y servidores que te harán la vida fácil y placentera[126] y... «quien a buen árbol se arrima,

---

[121] resultar útil — sich als nützlich erweisen
[122] ambos/as — beide
[123] el /la joyero/a — der/die Juwelier/in
[124] al contrario — ganz im Gegenteil
[125] el puesto — die Arbeitsstelle, der Posten
[126] placentero/a — genüsslich

buena sombra le cobija[127]». Los amigos volverán cuando seamos ricos, estoy seguro.

Después de muchos trámites[128], protestas de la Iglesia, de sus familiares, vecinos y amigos, el joven logra cambiar, por fin, de religión.

Desde la primera tarde en que la nueva religión se lo permite, sin que su mujer se entere, comienza a buscar una nueva cónyuge[129]. Sin embargo, la búsqueda no es fácil, pues[130] no es tan rico como su amigo. Además, muchas jóvenes solteras ya están comprometidas[131].

Finalmente, después de un par de meses, se entera[132] de que una viuda[133] aún joven y de gran belleza vive en un pueblo cercano. De inmediato, va a pedirla en matrimonio[134] a sus padres. Como la vida de una mujer sola no es fácil, tanto ella como[135] los familiares aceptan con gusto.

Al día siguiente, va con el joyero que su amigo le había recomendado. El comerciante le muestra collares[136], brazaletes[137], aretes[138], anillos[139] y otras joyas

---

[127] einflussreiche Freunde bringen Vorteil
[128] el trámite — die Erledigung
[129] el, la, cónyuge — der/die Ehepartner/in
[130] pues = porque — da
[131] comprometerse — sich verloben
[132] enterarse — erfahren
[133] la/el viuda/o — die/der Witwe/r
[134] pedir en matrimonio — einen Heiratsantrag machen
[135] tanto... como — sowohl... als auch
[136] el collar — die Halskette
[137] el brazalete — das Armband

de oro y piedras preciosas, todas en original y duplicado.

—Ahora comprendo por qué mi amigo me aconsejó venir aquí —afirma el joven después de admirar las piezas[140].

—¿Le gustan?

—Son muy bellas, pero tanto dinero no tengo —dice el joven con la tristeza reflejada en el rostro[141].

—El joyero se rasca[142] la nariz y, de pronto, sus ojos se iluminan. De un cajón[143] saca dos anillos idénticos con una piedra roja.

—¿Son rubís? —pregunta el joven.

El joyero asienta con la cabeza[144]:

— El color se llama «sangre de paloma» porque es de un rojo puro con un toque azulado[145]. Originalmente vienen del lejano Oriente.

—¿Originalmente?

—Sí, estos no son originales. Ambos son copias... y

---

[138] el arete — der Ohrring
[139] el anillo — der Ring
[140] la pieza— das Stück
[141] el rostro o la cara — das Gesicht
[142] rascarse — sich kratzen
[143] el cajón — die Schublade
[144] asentir con la cabeza — nicken
[145] el toque azulado— aquí: bläulicher Pinselstrich

por lo tanto bastante más baratos. Son sobras[146], algunos clientes no los quieren.

—¿Cuánto cuestan?

—Un dírham por ambos.

—¿Solo una moneda de plata por los dos? Muy bien, entonces los tomo.

Al volver a casa, el amigo más joven empieza a preparar un dormitorio para su nueva esposa.

—¿Qué estás haciendo? le pregunta su mujer.

— Arreglo un segundo dormitorio.

— ¿Para qué? pregunta la mujer, perpleja[147].

—Con seguridad has escuchado que nuestra nueva religión permite hasta cuatro esposas.

—¡No me digas que…!

—No te preocupes, es solo una cuestión de prestigio. Mientras más esposas tenga, mayor[148] será mi reputación[149]. Dormirá aquí y eso será todo. Tendrás una nueva servidora que te ayudará en las tareas del hogar[150] y te hará compañía[151]. Mira lo que te he com-

---

[146] la sobra — der Rest
[147] perplejo/a — perplex
[148] mientras más… mayor — je mehr… desto mehr
[149] la reputación — der Ruf
[150] la tarea del hogar — die Hausarbeit
[151] hacer compañía — Gesellschaft leisten

prado —exclama y le coloca[152] en el dedo uno de los anillos.

—Es muy hermoso —dice ella emocionada.

—Es un rubí llamado «sangre de paloma» por el extraño color rojo y el toque azul. Solo quiero pedirte un favor —dice con voz seria—. Quiero que este anillo nunca lo vea tu nueva servidora.

—¿Por qué?

—Porque la envidia[153] mata.

—Pero...

—No hay pero que valga[154]. Hazme el favor. Esta joya es solo una muestra[155] de lo que nos espera.

Llega el día de la boda. Al anochecer, después de la fiesta, el joven toma un baño, se perfuma y se pone su mejor pijama[156]. Se acuesta junto a su primera mujer. Cuando está seguro de que ella duerme profundamente, se levanta.

Abre la puerta del dormitorio de la nueva esposa y se sorprende[157] al ver que ella duerme. Piensa que tal vez es tímida[158] y que, en realidad, le espera. Se acerca

---

[152] colocar — einsetzen, aufziehen
[153] la envidia — der Neid
[154] no hay pero que valga — es gibt kein Aber
[155] la muestra — das Muster
[156] el pijama — der Schlafanzug
[157] sorprenderse — erstaunen
[158] tímida/o — schüchtern

y se tiende[159] a su lado. Ella, al sentir el peso del cuerpo de él, se vuelve.

—¡¿Qué haces en mi habitación?! —pregunta enfadada[160].

—Eres mi mujer y vengo por tus caricias[161], es normal —contesta él, inseguro.

Ella le empuja[162] con las manos con tanta fuerza que casi cae de la cama.

—¡Déjame dormir en paz! ¡Vete[163]! No quiero ser solo un consuelo[164]. Tienes que decidir quién será tú verdadera esposa.

—¡Pero sabías que tengo otra mujer!

—Sí, pero ahora que estoy aquí sé que no puedo compartir[165] tu amor. Márchate y decide.

En ese momento, el joven saca de entre sus ropas el segundo anillo.

—Mira lo que compré para mostrarte mi cariño[166] —dice y le muestra[167] el anillo que con la luz del sol parece de un rojo más puro.

---

[159] tenderse— sich hinlegen
[160] enfadada/o — sauer
[161] la caricia — das Streicheln
[162] empujar — schieben
[163] ¡vete! — geh weg!
[164] el consuelo — der Trost
[165] compartir — teilen
[166] el cariño — die Liebe, die Zuneigung
[167] mostrar— zeigen

—Es muy bello.

—Es un rubí llamado «sangre de paloma» por el extraño color rojo con el tono azulado. ¿Te gusta?

—Es bellísimo... pero te ha de haber costado una barbaridad[168].

—El amor no tiene precio. Solo quiero pedirte un favor —agrega de nuevo con voz grave[169]—. Quiero que ese anillo nunca lo vea mi primera esposa. La envidia mata. Úsalo solo cuando estés conmigo.

Así pasan varias semanas entre el gozo de los dos perfumes. Sin embargo, un día, durante el *Eid al-Fitr*, la fiesta que pone fin al largo ayuno del Ramadán, las dos mujeres se acercan a él visiblemente[170] enfadadas.

—Ya no soportamos esta situación —dice, furiosa, la primera esposa—. Tienes que aclararnos a quién amas en verdad a ella o a mí.

—Las dos son valiosos tesoros, pero mi corazón pertenece a una paloma de sangre azul.

Las mujeres callan durante un largo instante ante[171] tan extrañas palabras; pero después, y como por arte de magia[172], ambas sonríen casi al mismo tiempo y se marchan en silencio, cada una por su lado.

---

[168] costar una barbaridad — ein Vermögen kosten
[169] grave — ernst
[170] visiblemente — zusehends
[171] ante — vor, angesichts
[172] como por arte de magia — wie durch Zauberei

El hombre joven suspira y continúa gozando la fiesta.

Después de algunos meses de tranquilidad el paraíso parece ya imperturbable[173]; sin embargo, no hay nada que dure una eternidad en esta vida. En una tarde lluviosa cuando el joven se acuesta[174] junto a su segunda mujer, ella se vuelve furibunda[175] y lo empuja con tal fuerza que este cae de la cama.

—¡Quédate con tu baratija[176]! —grita y le arroja[177] el anillo al cuerpo.

—¿Qué pasa?, ¿te has vuelto loca? —pregunta el joven desconcertado[178], todavía en el suelo.

—¿Has olvidado que mi cuñado[179] es joyero? ¡La piedra de tu anillo es de vidrio[180]! ¡No vale nada! —vuelve a gritar.

—¡Baja la voz![181] ¿Quieres despertar a todo el vecindario[182]?

—¿Tienes miedo de que se enteren[183] que eres un

---

[173] imperturbable — unerschütterlich
[174] acostarse — sich hinlegen
[175] furibundo/a — wütend
[176] la baratija — der Schund
[177] arrojar — werfen
[178] desconcertado/a — fassungslos
[179] el, la cuñado/a — der Schwager/die Schwägerin
[180] el vidrio — das Glas
[181] bajar la voz — leise sprechen
[182] el vecindario — die Nachbarschaft
[183] enterarse — erfahren

embustero[184]?

En ese momento entra en la habitación la primera esposa.

—¿Qué sucede aquí? ¿Por qué este escándalo[185]?

—Ya no me interesa tu marido, será para ti sola. Es un mentiroso[186]. Me ha humillado[187].

—¿Qué te ha hecho? —pregunta la primera esposa sorprendida.

—Este anillo es un regalo suyo para expresarme su amor —dice y lo muestra.

La primera mujer, al verlo, palidece[188].

—Dice que es tan valioso como sus sentimientos; pues bien: ¡no vale nada!, cuando mucho una moneda de cobre[189] —agrega la segunda esposa.

—Pero es de oro y la piedra es un rubí —dice la primera mujer.

—Es una burda[190] imitación de cobre, bronce y estaño[191], y la piedra es solo vidrio. Una mentira como sus sentimientos —dice llorando y después se dirige al

---

[184] el, la embustero/a — Lügner/in
[185] el escándalo — hier: das Geschrei
[186] mentiroso/a — der, die Lügner/in
[187] humillar — erniedrigen
[188] palidecer — erbleichen
[189] el cobre — das Kupfer
[190] burdo/a - grob
[191] el estaño — das Zinn

marido—. Me marcho mañana temprano a casa de mis padres. Quiero el divorcio y mi dote[192].

Él se levanta del suelo[193] y se sacude el polvo[194]. Cojeando[195], se dirige hacia la primera esposa.

—Déjame explicarte —le dice mientras extiende[196] los brazos hacia ella.

La mujer se quita el anillo también y se lo arroja.

—¡No vuelvas a tocarme! —exclama[197] antes de irse.

Como en aquella noche el joven no tiene dónde dormir, sale de su casa. Se dirige a la mezquita del barrio. «Ahí voy a encontrar un lugar para descansar», piensa.

Al arrodillarse[198] para rezar[199], escucha un ronquido[200] detrás de él. Se vuelve[201], y queda sorprendido: ¡Ahí está su amigo, el de mayor edad, durmiendo en un rincón[202]! El joven se acerca y le despierta [203] tocándolo ligeramente:

—Querido amigo, te has quedado dormido —le dice

---

[192] la dote — die Mitgift
[193] el suelo — der Boden
[194] el polvo — der Staub
[195] cojear — humpeln
[196] extender — ausstrecken
[197] exclamar — schreien
[198] arrodillarse — niederknien
[199] rezar — beten
[200] el ronquido — das Schnarchen
[201] volverse — sich umdrehen
[202] el rincón — die Ecke
[203] despertar — aufwachen

en voz baja[204]. El de mayor edad abre los ojos—. Vuelve a casa, tus mujeres te esperan.

—¡Ah, eres tú! —dice el viejo decepcionado.

—¿Por qué has venido aquí a estas horas de la noche? —pregunta el joven.

—No tengo donde dormir. Mis mujeres no me permiten compartir la cama con ellas desde hace meses.

—¡¿Cómo?! —pregunta el joven.

—Ambas están cada día más celosas[205].

—Pero, ¿por qué me dijiste que estar casado con dos esposas es la gloria?

—Porque una tristeza compartida[206] es solo media tristeza... ¡Bienvenido! —exclama[207] el más viejo con pena[208] y alegría en la voz al mismo tiempo—. Aquí hay lugar suficiente para los dos.

---

[204] en voz baja — leise
[205] celoso/a — eifersüchtig
[206] compartido/a — geteilt
[207] exclamar — laut rufen
[208] la pena — das Leid

# LAS PEQUEÑAS MARAVILLAS[209]

En Córdoba, los vecinos del barrio de la Judería consideraban a Isaac como un hombre feliz, pues[210] tenía todo para serlo: salud, una mujer guapa, cuatro hijos inteligentes, una tienda[211] de perfumes, que era la más próspera[212] de la ciudad, y una casa con uno de los patios[213] más admirados.

Sin embargo, él no era feliz, por lo menos[214] no como cuando era niño. ¿Cuál era su error? Es verdad que se alegraba cuando las ganancias[215] de su negocio[216] aumentaban, o contemplaba a su mujer que cada día estaba más bella, o cuando los maestros de sus hijos los alababan[217], pero este sentimiento era pasajero[218]. Después, el tiempo transcurría[219] con la habitual[220] monotonía.

Un día decidió ir a la sinagoga para buscar una res-

---

[209] la maravilla — das Wunder
[210] pues — denn
[211] la tienda — das Geschäft, der Laden
[212] próspero/a — hier: florieren
[213] el patio — der Innenhof
[214] por lo menos — zumindest
[215] la ganancia — der Profit
[216] el negocio — das Geschäft
[217] alabar — loben
[218] pasajero/a — flüchtig
[219] transcurrir — verlaufen
[220] habitual — gewohnt

puesta. Allí oficiaba[221] un viejo rabino de barbas largas y famoso por su sabiduría.

Isaac llegó temprano porque suponía[222] que a esa hora habría más tiempo para hablar con él.

Y en efecto, en ese momento el viejo rabino limpiaba el arca[223], en donde se guardan los rollos de la Torá.

Se acercó a él y le saludó:

—Shalom aleijem —que significa en hebreo «la paz sea contigo o con vosotros».

—Aleijem shalom —contestó el sabio.

—Rabino, tienes que ayudarme.

—¿Qué te pasa, hijo mío? —preguntó el rabino un tanto sorprendido de verlo ahí tan temprano y preocupado.

—No soy feliz.

—Todos lo somos, pero lo olvidamos —contestó el rabino.

—¿Qué quieres decir?

—La felicidad está dentro de ti. Si se ausenta[224], tienes que volver a encontrarla.

---

[221] oficiar — amtieren
[222] suponer— vermuten
[223] el arca — die Arche
[224] ausentarse — weggehen

—¿Pero cómo? He leído la Torá, el Corán, la Biblia, a los filósofos griegos... y sigo siendo infeliz.

—Ya comprendo. ¿Sabes lo que te hace infeliz?

—No con exactitud. Cada vez hay más cosas que me molestan.

—¿Por ejemplo?

—En casa mi mujer se queja[225] todo el día.

—¿Se encuentra enferma?

—No, está más fuerte que un roble[226], pero siempre cree estar gravemente enferma.

—Ya veo... ¿es todo?

—¡No, qué va! Mis hijos gritan[227] todo el día.

—¿No les ordenas[228] callar[229]?

—Se lo he dicho cien veces.

—¿Y qué pasa?

—Permanecen tranquilos durante media hora, pero después...

—Ya veo. ¿Es todo?

---

[225] quejarse — sich beklagen
[226] el roble — die Eiche
[227] gritar — schreien
[228] ordenar — befehlen
[229] callar — schweigen

—¡No, qué va! Mi madre, que vive con nosotros, se pasa llorando[230] todo el día. Ya no soporto más. ¡Ayúdame, por favor!

—«A mal tiempo, buena cara[231]», hijo.

—Sé que soy afortunado y quisiera aceptar el ruido[232] y la intranquilidad[233]…, ¡pero no puedo! —exclamó[234] Isaac desesperado[235].

—¡Tranquilízate! Creo que tengo el tratamiento[236] para ti, pero te lo daré solo con una condición —le aclaró el rabino acariciándose[237] la barba.

—Dímela, haré lo que digas.

—Tienes que hacer exactamente lo que voy a decirte.

—Te lo prometo[238].

—¿Tienes otro familiar aún más ruidoso[239]?

—Tengo una cuñada —contestó Isaac después de pensarlo un momento.

—¿Qué hace?

---

[230] pasarse llorando todo el día — den Tag weinend verbringen
[231] gute Miene zum bösen Spiel machen
[232] el ruido — das Geräusch
[233] la intranquilidad — die Unruhe
[234] exclamar — schreien
[235] desesperado/a — verzweifelt
[236] el tratamiento — die Behandlung
[237] acariciar — streichen
[238] prometer — versprechen
[239] ruidoso/a — laut

—Canta todo el día.

—Pero la música es hermosa.

—Ella tiene una voz horrible.

—Ya veo, ¿y dónde está?

—Vive con mi suegra[240] en un pueblo cercano.

—Va a vivir en tu casa desde ahora.

—¡Pero habrá más alboroto[241]!

—«¡No hay pero que valga[242]!». Invítala por un par de semanas. Tu tratamiento no durará mucho. Recuerda tu promesa[243] y vuelve en dos semanas.

Isaac salió de la sinagoga con la cabeza baja[244].

Regresó dos semanas después.

—Rabí, me estoy volviendo loco[245]. Mis hijos siguen gritando, mi mujer se queja[246] todos los días, mi madre llora y llora, y ahora mi cuñada canta como un grillo[247] por la mañana, por la tarde y por la noche. ¡Ya casi no puedo dormir!

—¿Tienes otro familiar aún más ruidoso?

---

[240] la/el suegra/o — die Schwiegermutter, der Schwiegervater
[241] el alboroto — hier: der Lärm
[242] no hay pero que valga — es gibt kein Aber!
[243] la promesa — das Versprechen
[244] la cabeza baja — mit gesenktem Kopf
[245] volverse loco — verrückt werden
[246] quejarse — jammern
[247] el grillo — die Grille

—No, ninguno —se apresuró a contestar Isaac.

—¿Tu madre se lleva bien[248] con tu suegra?

—No, para nada. Cuando se encuentran discuten por cualquier cosa.

—Va a vivir en tu casa desde ahora.

—¿Quién? ¡¿Mi suegra?! Pero ¿cómo voy a meterla[249] en mi casa...?, ¡¿y mi madre?! ¡¡¡Se van a matar!!!

—Recuerda lo prometido y vuelve en dos semanas.

El pobre hombre salió de la sinagoga de nuevo con la cabeza baja.

Volvió dos semanas después con aspecto[250] demacrado[251] y casi sin poder caminar.

—No necesitas decirme nada. Veo que no te sientes bien, pero ya estamos cerca de tu curación[252] —le aseguró el rabino.

—Todos mis otros familiares son tranquilos y agradables —dijo Isaac adelantándose.

—¿Tienes animales en el establo? —le preguntó el rabino.

---

[248] llevarse bien — sich mit jemandem gut verstehen
[249] meter — hineinbringen
[250] el aspecto — das Aussehen
[251] demacrado/a — abgemagert
[252] la curación — die Heilung

—Sí, un perro, pero no puede vivir en mi casa porque ahí tengo dos gatos y no se soportan.

—Vivirá en tu casa desde ahora. Nos veremos en dos semanas.

—¡Pero...!

—Recuerda tu promesa —le advirtió[253] el rabino levantando el dedo índice[254]. Isaac solo asintió[255] con la cabeza.

Regresó dos semanas después apoyado[256] en dos amigos porque no podía caminar más. Su rostro continuaba demacrado, pero ahora también se mostraba pálido y con profundas ojeras[257].

—Pronto terminaremos el tratamiento —dijo el religioso.

—¿En verdad? —preguntó Isaac con escepticismo[258].

—Echa[259] de tu casa al perro, agradece a tu cuñada y a tu suegra la visita y mándalas a su casa[260]. Vuelve en dos semanas.

Isaac salió de la sinagoga arrastrado[261] por sus dos

---

[253] advertir — warnen
[254] el dedo índice — der Zeigefinger
[255] asentir con la cabeza — zustimmend nicken
[256] apoyar — stützen
[257] las ojeras — die Augenringe
[258] el escepticismo — die Skepsis
[259] echar — hinauswerfen
[260] mandar a casa — nach Hause schicken
[261] arrastrar — schleppen

amigos.

Después de dos semanas, volvió con aspecto relajado y saludable. Se acercó sonriente[262] al rabino.

—¡Rabino, nunca había gozado tanto de la vida! Me has devuelto la alegría.

—¿Yo?

— Sí, ¿si no tú, quién entonces?

—Tú mismo lo has logrado[263]. La medicina ha sido amarga[264], pero los frutos son dulces, ¿no es verdad?

—He renacido[265].

—¿Cómo notas la felicidad?

—Vaya pregunta... ahora que mi cuñada, mi suegra y el perro ya no están en mi casa hay más tranquilidad.

—¿Es todo?

—Además, ahora percibo[266] de nuevo los rayos del sol, el canto de los pájaros, el aire tibio[267] acariciando[268] mi piel y todo esto despierta la alegría en mí; el ruido ya no me irrita como antes, ¿qué ha pasado

---

[262] sonriente — lächelnd
[263] lograr — erreichen
[264] amarga/o — bitter
[265] renacer — wieder geboren
[266] percibir — wahrnehmen
[267] tibio/a — lauwarm
[268] acariciar — streicheln

conmigo?

—A veces es necesario cruzar las tinieblas[269] para volver a apreciar las pequeñas maravillas de la vida, como cuando eras niño. Cada instante nos las ofrece, y la felicidad se nutre[270] de ellas.

---

[269] la tiniebla — die Finsternis
[270] nutrirse — sich ernähren

*Isaac llega temprano a la sinagoga*

# UNA HISTORIA DE CHINA

Un día, en el mercado de la ciudad de Medina del Campo, Farid, el narrador de cuentos[271], encontró llorando a su amigo Abraham, el vendedor de sedas[272].

—¿Qué te pasa, mi querido amigo? —preguntó Farid.

—¡Me ha sucedido una gran desgracia[273]! ¡Me han robado todas mis mercancías[274]! ¿Sabes lo que eso significa? —contestó Abraham cubriéndose[275] la cabeza con las manos.

—Dímelo tú.

—Todo mi dinero está invertido en ellas. ¡Estoy arruinado![276]

—¡Pero tus proveedores[277] te pueden conceder[278] un crédito y te recuperarás poco a poco!

—Imposible. Ellos no lo harán, solo venden al contado[279]. Además, no soporto tener deudas[280].

---

[271] el/la narrador/a de cuentos — der/die Geschichtenerzähler/in
[272] la seda — die Seide
[273] la desgracia — das Unglück
[274] la mercancía — die Ware
[275] cubrir — bedecken
[276] arruinado/a — ruiniert
[277] el/la proveedor/a — der/die Lieferant/in
[278] conceder — gewähren
[279] la venta al contado — der Barverkauf

—¡Alguna solución habrá...!

—Sí, el suicidio —contestó Abraham desesperado.

—¿Sabes que yo era capitán y que he viajado por muchísimos países? —preguntó Farid.

—Claro, me lo has contado muchas veces, pero ¿qué tiene eso que ver[281] con mi tragedia?

—Pues bien, voy a contarte una historia que escuché en China —dice Farid con voz tranquila—: Había una vez un campesino viudo[282] que habitaba junto con su hijo en una vieja casa situada al borde[283] de un bosque. Todo el pueblo lo consideraba un hombre afortunado, ya que[284] era dueño de un hermoso caballo. Con él araba[285] la tierra, transportaba mercancías y los llevaba al templo montados en una carreta[286].

Sin embargo, un día pasó una desgracia: el caballo escapó de la caballeriza[287] durante la noche.

Muchos de los habitantes[288] del pueblo vinieron a expresarle su aflicción[289].

---

[280] la deuda — die Schulden
[281] tener que ver — zu tun haben
[282] viuda/o — die, der Witwe/r
[283] al borde — am Rande
[284] ya que — weil, da
[285] arar — pflügen
[286] la carreta — der Karren
[287] la caballeriza — der Pferdestall
[288] el/la habitante — der / die Bewohner/in
[289] la aflicción — die Betrübnis

—¡Qué desgracia! —le dijo preocupado[290] su vecino más cercano[291].

—Quizá —contestó tranquilo el campesino viudo.

Sucedió que, algunos días más tarde, el caballo regresó acompañado por otros dos caballos salvajes[292].

Los vecinos volvieron para felicitarlo esta vez.

—Te envidio[293] por tu buena suerte —dijo el vecino más cercano.

—Quizá —volvió a contestar él.

Una semana más tarde, sucedió otra desgracia.

—Padre, ya tengo dieciséis años y no tengo un caballo, como mis amigos. Quisiera el potro[294] negro recién llegado[295] —le pidió emocionado el joven a su padre.

—¡Pero sabes que es un caballo salvaje[296]! Ahora tengo mucho que hacer y no tengo tiempo para ocuparme de él.

—No importa, yo voy a domarlo[297] —afirmó el hijo decidido.

---

[290] preocupado — besorgt
[291] cercano/a — nahe gelegen
[292] salvaje — wild
[293] envidiar — beneiden
[294] el potro — das Fohlen
[295] recién llegado — der Neuankömmling
[296] caballo salvaje — das Wildpferd
[297] domar — zähmen

—Es muy peligroso.

—Padre, he visto domar a más de veinte caballos. No me pasará nada.

—Espera hasta el domingo, te enseñaré a hacerlo —el campesino respondió[293] con la esperanza de que su hijo se tranquilizara.

Sin embargo, la impaciencia[299] del joven le impidió[300] esperar hasta el fin de semana. Al día siguiente, mientras el padre trabajaba en el campo, el hijo montó[301] al caballo, pero con tan mala suerte que cayó al suelo y se rompió una pierna después de dar algunos saltos[302].

De nuevo, los habitantes del pueblo acudieron[303] para expresarle su pesar[304] al padre.

—Esto es, en verdad, mala suerte —volvió a lamentarse el vecino más cercano.

—Quizá —contestó el campesino empleando el mismo tono con que se había expresado anteriormente.

Algunos días después de aquel accidente, cinco ofi-

---

[298] responder — antworten
[299] la impaciencia — die Ungeduld
[300] impedir — verhindern
[301] montar — reiten
[302] el salto — der Sprung
[303] acudir — kommen
[304] el pesar — das Bedauern

ciales del Ejército[305] del emperador pasaron por allí con la intención[306] de reclutar a los jóvenes para la gran guerra que se aproximaba[307].

Todos los amigos del hijo del campesino marcharon para el cuartel[308] más cercano, y solo él permaneció[309] junto a su padre. La pierna rota le había librado[310] del servicio militar.

Esa misma noche, el vecino más cercano llamó a la puerta del campesino. Su rostro se veía tenso[311] y tenía los ojos rojos de tanto llorar.

—¡Qué suerte has tenido, a mi hijo se lo llevaron y no sabemos si volveremos a verle! —le dijo el vecino más cercano con lágrimas[312] corriendo por sus mejillas[313].

—Di solamente que no se han llevado a mi hijo. Solo vemos una parte del todo. Si es buena suerte o no, no lo sabemos.

Después de contar esta historia los amigos se separaron. Farid no volvió a ver a Abraham durante muchos años.

---

[305] el ejército — die Armee
[306] con la intención — mit der Absicht
[307] aproximarse — sich nähern
[308] el cuartel — die Kaserne
[309] permanecer — bleiben
[310] librar de — befreien von
[311] tenso — angespannt
[312] la lágrima — die Träne
[313] la mejilla — die Wange

Un día, al terminar de narrar una historia en el mercado, se acercó a Farid un hombre encanecido[314].

—Farid, ¿no me reconoces? Soy Abraham, tu viejo amigo.

—¡Abraham!, ¡Abraham!, no te puedo ver, porque estoy ciego[315]. ¿Dónde has estado todos estos años? —preguntó Farid con la alegría reflejada en la cara.

—¿Recuerdas la historia de China que me contaste[316] la última vez que nos vimos?

—Por supuesto, es una de mis favoritas.

—Pues bien, ella me ha acompañado durante todo este tiempo y me ha ayudado a superar los golpes del destino[317].

—¿Dónde habías estado?

—Después de caer en la ruina[318], viajé al norte. Llegué a tierras donde la gente es rubia, hay pinos y frío. Ahí trabajé, aprendí la lengua y conocí a una bella mujer que me aceptó sin dinero y tal como era. Con mi trabajo pude ahorrar[319] y, poco a poco, empecé a comerciar de nuevo. Junté una pequeña fortuna[320] que nos permitió llevar una vida cómoda y feliz.

---

[314] encanecido — grau-meliert
[315] ciego/a — blind
[316] contar — erzählen
[317] el golpe del destino — der Schicksalsschlag
[318] caer en la ruina — ruiniert sein
[319] ahorrar — sparen
[320] la fortuna — das Vermögen

—Dios es grande. ¿Tienes hijos?

—Tuve tres hijos, pero dos murieron cuando vino la peste.

—Lo siento mucho… ¿y ahora que eres viejo deseas volver a tu tierra natal[321] con tu familia?

—Ya no tengo familia. Mi mujer murió hace algunos meses.

—¿Y tu hijo?

—Se apoderó[322] del negocio y me echó[323] de él.

—¿Estás entonces solo?

—Sí y sufro[324] por ello[325]. Pero dime, al oírte contar tu historia, ciego como estás ahora, percibí[326] que tu alegría se desbordaba[327] por la plaza, ¿cómo es posible estar ciego[328] y al mismo tiempo conservar la alegría?

—Al perder la vista me hundí[329] primero en el pesimismo, porque amaba los colores, pero un día descubrí que podía escuchar el canto de los pájaros con mayor claridad; y no solo eso: también las risas, el viento, la lluvia y sobre todo la música. Así nació la

---

[321] la tierra natal — die Heimat
[322] apoderarse — sich bemächtigen
[323] echar — hier: hinauswerfen
[324] sufrir — leiden
[325] por ello — deshalb
[326] percibir — erspüren
[327] desbordarse — überfließen
[328] ciego/a — blind
[329] hundirse — versinken

esperanza. Aprendí a tocar el laúd y desde entonces este alegra mi vida. Me considero otra vez un hombre feliz.

—Tus palabras me reconfortan[330].

—La felicidad porta[331] la semilla[332] de la desgracia; y la desgracia, la de la felicidad.

---

[330] reconfortar — trösten
[331] portar — tragen
[332] la semilla — der Samen

## LA PALABRA MÁGICA[333]

Alí pasaba muchas horas dedicado a la lectura desde que era un niño, por lo que conocía de memoria[334] todos los cuentos de *Las mil y una noches* y muchos relatos[335] árabes fantásticos. Sin embargo, ya era casi un hombre y empezaba a interesarse por otros temas: el misterio de la vida y la muerte, el amor y la guerra, la tranquilidad del espíritu, el sentido de la existencia, etc.

En un día caluroso[336], Alí leía bajo la sombra de un naranjo en el huerto[337] de la casa de sus padres. Estaba casi a punto de[338] terminar un libro cuando un viajero, que pasaba por allí, se detuvo[339]. Se acercó al portal[340]. Era un hombre viejo, con la piel arrugada[341] por el sol, de ojos claros y mirada profunda. Sus manos, a pesar de estar quemadas[342] por el sol, eran delicadas[343].

—¡La paz sea contigo, hermano! —el viajero le sa-

---

[333] mágica/o — magisch
[334] de memoria — auswendig
[335] el relato — die Erzählung
[336] caluroso — heiß
[337] el huerto — der Obstgarten
[338] a punto de — kurz davor zu
[339] detenerse — stehen bleiben
[340] el portal — der Haupteingang
[341] arrugado/a — faltig
[342] quemado/a — verbrannt
[343] delicado/a — zart

ludó llevándose la mano derecha al corazón.

—¡La paz y la misericordia[344] sean también contigo! —respondió Alí con el mismo gesto.

—Permítenos, a mi mula[345] y a mí, beber del agua de tu pozo[346].

—Por supuesto, pasa. Voy a buscar unos cojines[347], té y frutas para ti.

—No te molestes[348], hermano, soy un viajero acostumbrado a la dureza[349] del suelo[350] y de la vida.

Alí se levantó y, después de un par de minutos, regresó con una tetera[351], higos[352] y un cojín bordado[353].

—¿Qué lees? —le preguntó el viajero mientras alargaba[354] el cuello[355] para intentar leer el título del libro.

—Estoy estudiando —contestó Alí sonriendo.

—¡Ah, una virtud[356] rara hoy en día! ¿Qué estudias?

—Busco *la palabra mágica*.

---

[344] la misericordia — die Barmherzigkeit
[345] la mula — das Maultier
[346] el pozo — der Brunnen
[347] el cojín — das Kissen
[348] molestarse — sich die Mühe machen
[349] dureza — die Härte
[350] el suelo — der Boden
[351] la tetera — die Teekanne
[352] el higo — die Feige
[353] el bordado — das Sticken
[354] alargar — verlängern
[355] el cuello — der Hals
[356] la virtud — die Tugend

—¿La palabra mágica?

—Sí, una palabra que me ayude a conseguir todo lo que deseo.

—Eres ambicioso[357] —indicó el viajero.

—Pero tengo un problema...

—Dímelo, quizá te puedo ayudar.

—Mi conocimiento[358] es mayor que el de mis maestros y no progreso[359] más.

El viajero se rió dejando ver una dentadura[360] blanca y fuerte.

—¿Conoces Córdoba?

—No, jamás he estado allí —contestó Alí sin ocultar la desilusión en su cara.

—Es una ciudad hermosa ubicada en la ribera[361] del Guadalquivir. Es la capital de Al-Andalus y cuenta con[362] una mezquita maravillosa y más de setenta bibliotecas. Hay una enorme entre ellas: la de al-Hakam II, que posee[363] más de cuatrocientos mil ejemplares. Los más sabios[364] se reúnen[365] allí.

—¿Crees que debería ir? ¿Encontraré allí la respues-

---

[357] ambicioso — ehrgeizig
[358] el conocimiento — das Wissen
[359] progresar — fortschreiten
[360] la dentadura — das Gebiss
[361] la ribera — das Ufer
[362] contar con — zählen
[363] poseer — besitzen
[364] el/la sabio/a — der/die Weise
[365] reunirse — sich treffen

ta a mis preguntas?

—¡Claro! Además, el hombre más sabio del mundo vive en ella. Él puede ayudarte, estoy seguro.

—¿Cómo se llama? ¿Dónde podré encontrarle?

—Se llama Said. Cuando llegues a Córdoba, ve a buscarle al barrio de los joyeros[366].

—¿Por qué a ese barrio? ¿Qué hace allí?

—Porque ahí vive y trabaja, es joyero. Es el mejor tallador[367] de diamantes.

—Pero ese es un oficio[368] de los judíos.

—Eso no le importa. Afirma[369] que todos somos hermanos.

—¿No va al patio[370] de la mezquita o a la biblioteca en donde los otros sabios se reúnen?

—Él no se considera[371] sabio a sí mismo. Es joyero, como su padre y su abuelo, dice. No ha leído tanto como los sabios de la mezquita, pero conoce la vida con profundidad porque la ha observado. Eso le basta.

En ese momento, Alí se levantó rápidamente, tanto que a punto estuvo de tumbar[372] la charola[373] con el té. Se dirigió a la casa.

---

[366] el /la joyero/a — der/die Juwelier/in
[367] el, la tallador/a — der, die Schleifer/in
[368] el oficio — der Beruf
[369] afirmar — behaupten
[370] el patio — der Hof
[371] considerarse - sich halten
[372] tumbar — umkippen
[373] la charola — das Tablett

—¿Adónde vas con tanta prisa[374]? —preguntó el viajero en voz alta, asombrado[375] por la reacción del joven.

—A buscar mis sandalias y mi maleta. Hoy mismo saldré hacia Córdoba —respondió Alí con determinación[376].

El joven caminó durante muchos días y noches hasta que, después de peligros y fatigas[377], llegó a Córdoba. La gente de la calle le indicó[378] dónde estaba la casa del famoso sabio.

Al llegar, este trabajaba en su mesa a la luz de una vela[379]. Said era un viejo sin apariencia[380] de sabio. Sus manos eran gruesas[381] y los brazos, a pesar de la edad, se mostraban aún musculosos.

—¿Qué deseas, hijo mío? —le preguntó el viejo.

—Busco la *palabra mágica*.

—¡Ah, qué interesante! —exclamó sonriendo el joyero—. ¿Dónde quieres encontrarla?

—Contigo. Todos te consideran el más sabio de Córdoba.

—¿Quieres que un humilde[382] joyero te revele[383]

---

[374] la prisa — die Eile
[375] asombrado/a — erstaunt
[376] la determinación — die Entschlossenheit
[377] la fatiga — die Erschöpfung
[378] indicar — hinweisen
[379] la vela — die Kerze
[380] la apariencia — das Aussehen
[381] grueso/a — dick
[382] humilde — bescheiden

tanta sabiduría? Yo conozco una palabra que te puede ayudar, pero tal vez no es la que buscas.

—¿Me la dices? —pregunta Alí intrigado[384].

—No, porque pronunciarla[385] no sirve[386] para nada, se necesita interiorizarla[387] y esto cuesta mucho esfuerzo[388].

—Tengo fe[389] en ti…, pero ¿quisiera preguntarte algo?

—Pregúntame.

—Aparte de[390] sabio, eres también un afamado tallador de diamantes, ¿por qué vives en una casa humilde?, ¿no tienes tanto dinero como la mayoría de tus colegas?

—Soy el más rico de esta ciudad.

—¿Te burlas de mí?

—«El hombre más rico es el que menos necesita», decía Séneca, un filósofo nacido aquí, en Córdoba. Otros tienen más necesidades materiales que yo.

—Se dice que viviste en la India y ahí adquiriste tu sabiduría.

—Ahí perfeccioné mi oficio, pero es verdad también

---

[383] revelar — enthüllen
[384] intrigado/a — gespannt
[385] pronunciar — aussprechen
[386] servir — hier: nützen
[387] interiorizar — verinnerlichen
[388] el esfuerzo — die Anstrengung
[389] la fe — der Glaube
[390] aparte de — außer

que aprendí muchas cosas más sobre la vida.

—Haré todo lo que tú mandes[391] si me tomas como tu alumno —afirmó Alí en tono suplicante[392].

—No sé si podré ayudarte —contestó el viejo—, pero si quieres intentarlo... así será. Tu trabajo desde hoy será barrer[393] y limpiar[394]. Ahí está la escoba[395] y el cubo [396]con agua.

A Alí le pareció indigna[397] su tarea[398], pero confiaba[399] en la sabiduría del anciano, por eso no dijo nada y se puso a[400] trabajar. Pasó semanas, meses y años ocupado[401] de sol a sol[402]: limpiaba la mugre[403], lavaba las ventanas y el suelo, barría, etc. Durante el día, los otros alumnos[404] y el maestro hablaban muy poco y reinaba mucha tranquilidad. Alí se sentía sereno[405], pero casi no tenía tiempo de leer y seguía pensando en la *palabra mágica*.

Después de un par de años de duro trabajo, Alí se

---

[391] mandar — befehlen
[392] suplicante — bittend
[393] barrer — fegen
[394] limpiar — putzen
[395] la escoba — der Besen
[396] el cubo — der Eimer
[397] indigna/o — unwürdig
[398] la tarea — die Aufgabe
[399] confiar — vertrauen
[400] ponerse a — beginnen zu + Infinitiv
[401] ocupado/a — beschäftigt
[402] de sol a sol — von früh bis spät
[403] la mugre — der Schmutz
[404] el/la alumno/a — der/die Schüler/in
[405] sereno/a — ruhig

aventuré[406] a abrir la boca un día:

—¡Maestro!

—¿Qué quieres, hijo?

—*La palabra mágica...*

—¡Ah, sí! Ya casi lo había olvidado. Es tiempo para aprender algo nuevo —dijo el viejo maestro subiendo los hombros.

Alí no dijo nada, pero se preguntó la razón por la cual había desperdiciado tanto tiempo[407] en aquellas tareas tan sencillas.

—Mira, a partir de ahora te dedicarás[408] al tallado[409] de las piedras preciosas[410] —agregó el maestro—. Comenzarás con las menos valiosas; después, cuando hayas aprendido, continuarás con los diamantes... pero antes quiero que me prometas una cosa.

—Dime.

—No vuelvas a preguntarme sobre *la palabra mágica.*

Alí frunció el ceño[411] y calló por un instante.

—Te lo prometo —dijo al fin.

El maestro lo invitó a sentarse junto a él; de una

---

[406] aventurarse — sich wagen
[407] desperdiciar el tiempo — die Zeit verbummeln
[408] dedicarse — sich widmen
[409] tallar — schleifen
[410] la piedra preciosa — der Edelstein
[411] fruncir el ceño — die Stirn runzeln

pequeña caja sacó un granate todavía en bruto[412] y le mostró los primeros pasos del tallado. Después, se dio la vuelta y continuó con su trabajo.

Alí aprendió rápidamente a tallar los granates, con tal perfección que con frecuencia reflejaban[413] hasta seis rayos[414] de luz, lo cual era difícil de conseguir.

Al paso del tiempo, talló zafiros, rubís, esmeraldas y muchas gemas[415] más. Los días transcurrían entre brillos rojos, verdes, azules, etc. Para entonces, el silencio en la casa del maestro se había vuelto más profundo. Cuando Alí tenía una pregunta, la escribía y recibía[416] la respuesta[417] del maestro durante el sueño. Sin embargo[418], algunas nunca eran contestadas.

Habían transcurrido[419] más de quince años y Alí había alcanzado tal perfección que ahora se dedicaba solo a los diamantes. Los suyos eran codiciados[420] —tanto en Amberes como en Lisboa, en Córdoba o Damasco— porque eran como una sinfonía de luz blanca y transparente.

Un día, mientras Alí trabajaba duramente como siempre, el maestro se acercó a él y le tocó[421] el hom-

---

[412] piedra en bruto — der Rohstein
[413] reflejar — reflektieren
[414] el rayo — der Blitz
[415] la gema — der Edelstein
[416] recibir — bekommen
[417] la respuesta — die Antwort
[418] sin embargo — trotzdem
[419] transcurrir — vergehen
[420] codiciado/a — begehrt
[421] tocar — berühren

bro.

—Hijo mío, ya es tiempo para volver a tu casa.

—Pero, maestro, ¿ya no me quieres más aquí contigo?

—No te puedo enseñar más.

—Me has dado un oficio maravilloso y te lo agradezco, pero y *¿la palabra mágica…?* —le preguntó Alí ansioso[422] rompiendo su promesa de no hablar más de ello.

—Tú ya la adquiriste[423]: la palabra que buscas es «paciencia[424]» —dijo el maestro, le abrazó y se volvió[425] para continuar con el trabajo.

Alí regresó a su pueblo, entre sus amigos, se casó, tuvo hijos y vivió muchos años más con paz interior y tallando los diamantes más hermosos que se recuerden.

---

[422] ansioso/a — begehrlich
[423] adquirir — erlangen
[424] la paciencia — die Geduld
[425] volverse — sich umdrehen

## EL SOL, LA LUNA Y LA VERDAD

Jerónimo, un médico en Tarragona, tenía un hijo simpático e inteligente, pero con un defecto: era muy mentiroso[426].

Esto le preocupaba[427] al padre, por esto un día le llamó y dijo:

—Hijo mío, sé que tienes una gran imaginación y eso puede ser una ventaja[428] en la vida.

—¿Por qué, padre?

—Por ejemplo, puedes pensar en situaciones que todavía no existen, pero que podrían existir.

—¿Y...?

—Será más fácil encontrar soluciones, si esas situaciones se presentan[429] en la realidad y son problemáticas. Tal vez en tu imaginación ya las habías previsto[430].

—Sí, tal vez.

---

[426] el/la mentiroso/a — der Lügner/in
[427] preocupar — beunruhigen
[428] la ventaja — der Vorteil
[429] presentarse — hier: erscheinen
[430] prever — voraussehen

—Además, puedes crear[431] en la mente[432] un mundo irreal que puedes visitar cuando quieras. Es lo que se llama fantasía.

—Eso es verdad también. Pero dime ¿por qué has querido hablar conmigo?

—¿Cuál es la diferencia para ti entre la mentira[433] y la imaginación? —pregunta el padre en lugar de contestar.

—Vaya pregunta..., la imaginación, ya lo has dicho, crea una ficción; mientras que la mentira encubre[434] la realidad.

—Muy bien. Quiero contarte una historia muy vieja que dicen pasó en Córdoba.

—Cuéntamela.

Un día, un joven cordobés llamado Alim fue al mercado para hacer la compra. Llevaba un saco de cuero[435], que era lo único que le pertenecía[436], colgado de un brazo.

Iba feliz porque el sol brillaba bajo un cielo completamente azul. El calor, muy agradable, envolvía[437] su cuerpo.

---

[431] crear — erschaffen
[432] en la mente — im Geiste
[433] la mentira — die Lüge
[434] encubrir — verschleiern
[435] el cuero — das Leder
[436] pertenecer — besitzen
[437] envolver — umhüllen

Ya casi llegando al mercado, un soldado con una gran espada[438] se acercó de pronto[439] a él. Era un hombre alto y corpulento[440] con una barba larga y negra.

—Ese saco con todo lo que contiene[441] es mío, dámelo —le ordenó el soldado a Alim, y como este[442] no se lo entregaba, quiso arrebatárselo[443].

—¡Ayudadme! ¡Este hombre quiere robarme[444] mi saco! —gritaba Alim desesperado.

Entonces, un grupo de curiosos[445] se juntó alrededor de ellos.

—¿Tu saco? ¡Este chico está loco[446]! —exclamó el soldado dirigiéndose[447] a los curiosos[448].

—Sí, es mío... solamente mío —protestó Alim.

En ese momento, montado en una mula[449], pasó un juez[450]. Era un anciano de ojos brillantes. Alguien lo reconoció. Se trataba nada más y nada menos[451] que

---

[438] la espada — das Schwert
[439] de pronto — plötzlich
[440] corpulento/a — korpulent
[441] contener — beinhalten
[442] este, esta — dieser, dieses, diese
[443] arrebatar — entreißen
[444] robar — stehlen
[445] curioso/a — neugierig
[446] loco — verrückt
[447] dirigirse — sich wenden
[448] el /la curioso/a — der/die Schaulustige
[449] la mula — das Maultier
[450] el juez — der Richter
[451] nada más y nada menos — nicht weniger als

de Omar ben Xarahil, el más justo⁴⁵² de Córdoba. Todos se inclinaron⁴⁵³ cuando él se acercó.

—¿Qué pasa aquí? —preguntó el juez.

—Dios bendiga⁴⁵⁴ a nuestro sabio juez —contestó el soldado mientras enderezaba⁴⁵⁵ su cuerpo—. Señor, he perdido mi saco y lo he vuelto a encontrar en manos de este ladrón.

—¡No es verdad, es mío! —Alim volvió a protestar.

—¿Cuándo lo perdiste? —le preguntó el juez al soldado.

—Ayer por la mañana.

—Si es tuyo, dime qué hay en él —demandó⁴⁵⁶ el juez.

—Hay dos cucharas, dos mantas, dos espejos de plata, una toalla, dos lavabos, dos perritos, una vaca y sus dos terneros⁴⁵⁷, una cabra⁴⁵⁸, un borrego⁴⁵⁹, dos camellos⁴⁶⁰, una leona⁴⁶¹, dos toros, una cocina con dos puertas y cuatro sevillanos que son testigos⁴⁶² de

---

[452] justo/a — gerecht
[453] inclinarse — sich verbeugen
[454] bendecir — segnen
[455] enderezar — aufrichten
[456] demandar — verlangen
[457] el ternero — das Kalb
[458] la cabra — die Ziege
[459] el borrego — das Lamm
[460] el camello — das Kamel
[461] la leona — die Löwin
[462] el/la testigo — der/die Zeuge/Zeugin

que el saco me pertenece.

—¿Y tú, cómo te llamas? —le preguntó Omar ben Xarahil a Alim sin mostrar[463] sorpresa alguna por la respuesta del soldado.

—Me llamo Alim —contestó él mirando al suelo.

—Alim, ¿qué llevas en el saco? —interrogó el juez.

Alim no contestó. Estaba sordo[464] y mudo[465], sorprendido por la respuesta del soldado.

—¿Y tú, Alim, qué llevas en el saco? —repitió Omar ben Xarahil con toda la paciencia[466] del mundo.

—Dios le dé salud a nuestro juez —reaccionó[467] por fin Alim—. En mi saco hay un gallinero[468], soldados con sus tiendas, la ciudad de Sevilla, el palacio de la Alhambra, una escuela con cientos[469] de alumnos y alumnas[470] y muchos maestros que son testigos de que el saco es mío.

—Señor, este joven miente[471] —argumentó el soldado—. El saco es mío, creedme. Además de lo mencionado, hay dentro todos los castillos de España, osos[472]

---

[463] mostrar — zeigen
[464] sordo/a — taub
[465] mudo/a — stumm
[466] la paciencia — die Geduld
[467] reaccionar — reagieren
[468] el gallinero — der Hühnerstall
[469] cientos/as — hunderte
[470] el/la alumno/alumna — der Schüler/die Schülerin
[471] mentir — lügen
[472] el oso, la osa — der/die Bär/in

y otros animales salvajes[473] que no recuerdo, una yegua[474], una anciana y una bailarina, dos sacerdotes[475] y el papa[476]. Todos ellos son mis testigos.

—Dios le conceda[477] vida eterna a nuestro juez —Alim retomó[478] la palabra y, molesto[479], agregó—: en el saco hay, además, un viñedo[480], la ciudad de Madrid, el río Guadalquivir, el peñón de Gibraltar y las islas Canarias.

Al terminar de hablar Alim, el primer signo de impaciencia[481] apareció en la cara del juez.

—Sin duda, sois un par de locos que se burlan[482] de un juez honesto[483]. Abre el saco y vacía[484] el contenido en el suelo —le ordenó a Alim.

El saco contenía solo un pan, un limón, un pedazo[485] de queso y tres aceitunas.

—Un bolso con este triste contenido solo puede ser tuyo, soldado empobrecido[486], —dijo indignado[487]

---

[473] el animal salvaje — das Wildtier
[474] la yegua — die Stute
[475] el sacerdote — der Priester
[476] el papa — der Papst
[477] conceder — gewähren
[478] retomar — aufgreifen
[479] molesto/a — ärgerlich
[480] el viñedo — der Weingarten
[481] la impaciencia — die Ungeduld
[482] burlarse — auslachen
[483] honesto — ehrlich
[484] vaciar — leeren
[485] el pedazo — das Stück
[486] empobrecido/a — verarmt
[487] indignado/a — empört

Alim y arrojó el saco a los pies del militar. Silbando⁴⁸⁸, se marchó de allí.

—¡Qué historia tan rara⁴⁸⁹! —dijo José.

—¿Por qué?, acláramelo⁴⁹⁰.

—Porque es absurda. Nadie puede creerla. ¡En un saco no cabe una ciudad!

—Son mentiras, ¿no?

—Y pésimas⁴⁹¹ —contesta José.

—¿Por qué Alim al ver el contenido real estuvo dispuesto⁴⁹² a abandonar⁴⁹³ el saco? —preguntó el padre.

— No lo sé.

— ¡Piensa!

—Tal vez porque en un momento empezó a creer en sus propias mentiras —contestó José después de pensarlo algunos instantes—, y al ver el contenido se decepcionó⁴⁹⁴.

—¿Entonces estás de acuerdo en que la mentira te puede alejar de la realidad? —preguntó el padre.

—Sí, claro..., ¿pero por qué es tan importante la rea-

---

⁴⁸⁸ silbar — pfeifen
⁴⁸⁹ raro/a — seltsam
⁴⁹⁰ aclarar — abklären
⁴⁹¹ pésima/o — äußerst schlecht
⁴⁹² dispuesto/a — bereit
⁴⁹³ abandonar — verlassen
⁴⁹⁴ decepcionar — enttäuschen

lidad?

—Porque si no la ves, tropezarás[495] una y otra vez[496] en la vida y sufrirás[497]. Es como caminar con una venda[498] en los ojos.

—¿Y si se conoce la verdad, pero se miente para conseguir los propios fines[499]?..., al final se tiene un beneficio[500], ¿o no?

—Siempre saldrás perdiendo[501].

—¿Por qué?

—En Oriente se dice que hay tres cosas que nunca se pueden ocultar: el sol, la luna y la verdad.

---

[495] tropezar — stolpern
[496] una y otra vez — immer wieder
[497] sufrir — leiden
[498] la venda — die Binde
[499] el fin — das Ziel
[500] el beneficio — der Gewinn, das Benefiz
[501] salir perdiendo — verlieren, den Kürzeren ziehen

# BOABDIL

Aquella mañana fue la más importante de mi vida. Desde abajo, yo admiraba cómo, con los rayos⁵⁰² del sol, la muralla⁵⁰³ de la Alhambra se pintaba de rojo.

El capitán vino:

—Toma tus cosas y vámonos —me ordenó.

—¿Adónde?

—A la Alhambra.

—¡Pero es territorio enemigo⁵⁰⁴! —protesté alarmado.

—Sí, es una misión peligrosa. Tú y yo vamos a entregar un ultimátum, y lo más probable es que el sultán mande que nos corten la cabeza. ¿Tienes miedo?

—¡No, qué va!

Yo tenía pánico, pero lo disimulaba⁵⁰⁵. Así, el capitán de la guardia imperial y yo, como escudero⁵⁰⁶, cruzamos solos la Puerta de la Justicia.

---

⁵⁰² el rayo — der Strahl
⁵⁰³ la muralla — die Mauer
⁵⁰⁴ el, la enemigo/a — der/die Feind/in
⁵⁰⁵ disimular — sich nichts anmerken lassen
⁵⁰⁶ el escudero — der Schildträger

—¡¿Quiénes sois?! —gritó el guardia[507].

—Traemos un mensaje de los Reyes Católicos para el sultán —contestó el capitán.

El guardia nos miró con desconfianza[508], susurró[509] algo al oído de un segundo guardia y este desapareció rápidamente. No habían pasado más de cinco minutos cuando regresó.

—Pasad —ordenó el primero.

Mientras nos dirigíamos hacia el palacio, los soldados y la gente nos miraban como se mira al enemigo, pero nos dejaban pasar. De ese modo, llegamos a la puerta del palacio.

—¿Cuántas personas viven aquí? —le pregunté al capitán para romper el tenso[510] silencio entre nosotros.

—Cerca de dos mil —contestó y, después, volvió a callar.

—¿Qué quiere decir la Alhambra?

—Significa «la roja» —respondió paciente[511] y sin mirarme.

Un guardia nos condujo hasta una bella sala con un

---

[507] el/la guardia — die Wache
[508] la desconfianza — das Misstrauen
[509] susurrar — flüstern
[510] tenso/a — angespannt
[511] paciente — geduldig

mihrab (oratorio[512]) y vistas al valle del Darro y al barrio del Albaicín. La luz del día se filtraba a través de pequeñas ventanas con cristales de colores.

—¿Esta es la sala del sultán? —le pregunté al soldado.

—No, es el Mexuar, donde él y los visires escuchan a los súbditos[513]. Tenemos que esperar.

Después de algunos minutos, pasamos a un pequeño patio[514] con suelo de mármol, una pequeña fuente[515] y un gran muro[516] labrado[517] con una escritura árabe, todo en delicado[518] color miel. Había una gran puerta de bronce[519] que brillaba como el oro. Este patio era solo la entrada al palacio. Desde dos pares de ventanas, presentía[520] las miradas curiosas[521] de las mujeres del harem sobre nosotros.

El guardia nos pidió seguirlo. Pasamos por una pequeña habitación y, de repente, nos vimos rodeados[522] por el aroma de los arrayanes[523] procedente[524] del exterior.

---

[512] el oratorio — das Oratorium
[513] el súbdito — der Untertan
[514] el patio — der Hof
[515] la fuente — der Springbrunnen
[516] el muro — die Mauer
[517] labrar — herausarbeiten
[518] delicado— zart
[519] el bronce — die Bronze
[520] presentir — ahnen
[521] curioso/a — neugierig
[522] rodear — umgeben
[523] el arrayán — die Myrte
[524] procedente — stammend

Llegamos a un patio con un largo espejo de agua sobre el cual el palacio y sus columnas se reflejaban. «El palacio flota[525]», fue mi primer pensamiento[526].

Un anciano se acercó para ofrecernos té.

—¿El sultán vive ahí? —le pregunté al anciano y señalé[527] con el dedo un edificio alto situado a la derecha.

—Él vive en los apartamentos de arriba.

—¿Y su familia?

—Los hijos y las cuatro esposas legítimas[528] del sultán viven enfrente.

—¿Cuatro esposas legítimas?

—Sí, el Corán permite[529] solo cuatro —me aclaró el anciano antes de marcharse.

—Señor, cuéntame algo de Boabdil. ¿El sultán se llama así o no? —pregunté a mi capitán para distraerlo[530], pues había estado demasiado sumido[531] en sus pensamientos.

—¿Sabes el sobrenombre[532] que le han dado sus

---

[525] flotar — schweben
[526] el pensamiento — der Gedanke
[527] señalar — anzeigen
[528] legítimo/a — legitim, ehelich
[529] permitir — erlauben
[530] distraer — abbringen
[531] sumirse en — versinken
[532] el sobrenombre — der Spitzname

súbditos? —contestó esta vez sonriendo.

—Ni idea.

—«Zogoibi», que en castellano significa «el desgraciado[533]».

—Yo quisiera ser tan desgraciado como él y vivir en este palacio con cuatro esposas.

—Su destino ha sido trágico. Su padre, Muley Hacén, se enamoró de una bella prisionera[534] cristiana y se casó con ella. Al convertirse[535] al islam, ella tomó el nombre de Zoraida y le dio dos hijos.

—¿Tuvo ella que convertirse al islam?

—Fue una condición para el matrimonio. Zoraida era una mujer ambiciosa[536], obsesionada[537] con adueñarse[538] del trono para sus hijos. Un día, le advirtió[539] al sultán de que las otras esposas estaban planeando asesinarlo[540] para apoderarse[541] del trono.

—¿Era verdad?

—No, por supuesto. Sin embargo, Muley Hacén, fu-

---

[533] el desgraciado — der Pechvogel
[534] el/la prisionero/a — der/die Gefangene
[535] convertirse – sich bekehren
[536] ambiciosa/o de poder — machthungrig
[537] obsesionada/o — besessen
[538] adueñarse — aneignen
[539] advertir — warnen
[540] asesinar — ermorden
[541] apoderarse — sich bemächtigen

rioso[542], salió del palacio y él mismo mató[543] a algunos de sus hijos y esposas. Mandó arrestar[544] a los otros. Encerró[545] a Ayxa, la madre de Boabdil, que alguna vez fue la favorita[546] del sultán, junto con su hijo en la torre alta que ahí ves: la Torre de Comares.

—¡Qué hombre tan cruel!

Aun así[547], Boabdil logró escapar de la torre.

—Pero... ¿cómo? Es muy alta, seguro que tendrá más de cuarenta metros.

—Con ayuda de la ropa interior[548] de su madre y de sus esclavas.

—¿Cómo es posible?

—Boabdil la ató[549] y se descolgó[550] por la ventana. Al pie[551] de la torre, un criado[552] le esperaba con un caballo y escapó a las montañas.

Años después, volvió para tomar el trono.

—¿Y qué pasó con Zoraida?

---

[542] furioso — wütend
[543] matar — töten
[544] arrestar — verhaften
[545] encerrar — einschließen
[546] la favorita — die Favoritin
[547] aun así — trotzdem
[548] la ropa interior — die Unterwäsche
[549] atar — zusammenknoten
[550] descolgarse de algo — herunterlassen
[551] al pie — am Fuß
[552] el criado — der Diener

En ese momento, el guardia nos hizo una seña[553] con la mano. Por fin, nos acercamos al Salón de Embajadores.

—El sultán recibe a los visitantes oficiales aquí —el capitán me susurró[554] al oído.

«La hora esperada ha llegado», pensé.

En la antecámara[555], los minutos se volvieron eternos[556]. Una bendición[557] del sultán que construyó ese palacio, Mohammed V, podía verse sobre la pared.

—Tengo la boca reseca[558] —le confesé[559] al capitán.

—Bebe de una de las jarras[560] que están junto a los nichos[561] —contestó él señalando el lugar en donde podía apagar mi sed[562].

—Preferiría una copa de vino.

—El alcohol está prohibido en el islam. El agua es un símbolo de hospitalidad[563] en las culturas del desierto. Si la bebes, les serás más simpático y quizá hasta te perdonen la vida —contestó sonriendo.

---

[553] la señal — das Kennzeichen
[554] susurrar — flüstern
[555] la antecámara — das Vorzimmer
[556] eterno — ewig
[557] la bendición — die Einsegnung
[558] resecar — austrocknen
[559] confesar — gestehen
[560] la jarra — die Kanne
[561] el nicho — die Nische
[562] apagar la sed — den Durst löschen
[563] la hospitalidad — die Gastfreundschaft

Bebí agua hasta reventar⁵⁶⁴.

Por fin, entramos en el Salón de Embajadores donde estaba el trono. Las grandes ventanas de cristales coloridos creaban⁵⁶⁵ ahí un aura⁵⁶⁶ multicolor.

—La cúpula⁵⁶⁷ representa el universo, con sus siete cielos, según⁵⁶⁸ el islam —me señaló el capitán al darse cuenta⁵⁶⁹ de que miraba hacia arriba.

Pequeñas piezas⁵⁷⁰ de madera de cedro⁵⁷¹, pintadas, simulaban a las estrellas en el cielo.

Había un pequeño altar a la derecha, donde el sultán parecía orar⁵⁷². Al vernos se levantó y se dirigió hacia nosotros. Yo temblaba⁵⁷³.

Para mi sorpresa, su rostro era amable, sin embargo, parecía preocupado⁵⁷⁴. Tenía el pelo rubio y vestía lujosamente.

Nos inclinamos⁵⁷⁵ como exige⁵⁷⁶ el protocolo.

—¡Levantaos! —ordenó el sultán en un tono cor-

---

⁵⁶⁴ reventar — platzen
⁵⁶⁵ crear — erschaffen
⁵⁶⁶ el aura — die Ausstrahlung
⁵⁶⁷ la cúpula — die Kuppel
⁵⁶⁸ según — nach
⁵⁶⁹ darse cuenta — bemerken
⁵⁷⁰ la pieza — das Stück
⁵⁷¹ el cedro — die Zeder
⁵⁷² orar — beten
⁵⁷³ temblar — zittern
⁵⁷⁴ preocupado — besorgt
⁵⁷⁵ inclinarse — sich beugen
⁵⁷⁶ exigir — fordern

dial[577].

—Los Reyes Católicos exigen la capitulación —dijo el capitán decidido[578].

El sultán señaló con el dedo índice[579] hacia otro texto en árabe labrado sobre la pared.

—¿Qué significa? —le pregunté en voz baja al capitán.

—«Solo Dios es vencedor[580]» —contestó el sultán, quien me había escuchado.

Hizo entonces una seña con la mano para que lo siguiéramos:

—Vais a ser los primeros enemigos[581] en conocer mi casa. Mañana ya no será mía. En realidad[582], nunca lo ha sido. Quiero que contéis a vuestros reyes lo que habéis visto aquí. Tal vez así la respeten.

Entramos en un patio que no era de este mundo. Un bosque de columnas de mármol y arcos[583] se extendía por él.

—Lo construimos como el jardín del paraíso, con un oasis de palmeras y un inagotable[584] manantial[585] —

---

[577] cordial — herzlich
[578] decidido — entschlossen
[579] el dedo índice — der Zeigefinger
[580] vencer — siegen
[581] el/la enemigo/a — der/die Feind/in
[582] en realidad — in Wirklichkeit
[583] el arco — der Bogen
[584] inagotable — unerschöpflich

explicó el sultán.

Caminamos entre flores y plantas aromáticas. Había una fuente con doce leones en el centro del patio que arrojaban[586] por sus bocas agua y frescura[587] en el ambiente.

Pasamos a la primera sala. Era bella, pero insignificante[588] en comparación[589] con las que nos esperaban.

Antes de entrar en la segunda, Boabdil se detuvo.

—Ahora vais a ver una sala que ya es leyenda en Granada. No tiene ventanas, y es ideal para celebrar fiestas en invierno.

La cúpula[590] parecía una estrella. Había una fuentecilla en el centro del salón con manchas[591] rojas en el fondo.

—Es sangre —le susurré al capitán.

—¡Qué va, es óxido! —contestó él de mala gana[592].

—Se dice que una mujer de mi padre, Zoraida, se enamoró de un noble de la familia de los «Abencerrajes». Cuentan que se encontraban por las noches bajo

---

[585] el manantial — die Quelle
[586] arrojar — werfen
[587] la frescura — die Frische
[588] insignifcante — unbedeutend
[589] en comparación — im Vergleich
[590] la cúpula — die Kuppel
[591] la mancha — der Fleck
[592] de mala gana — ungern

un cedro, en uno de los jardines del Generalife, el palacio de verano.

—¿Y qué pasó? —pregunté.

—Alguien se lo dijo a mi padre, el sultán. Él trató de averiguar[593] quién era el amante para vengarse[594], pero fue inútil. Todos callaban o decían no saber nada. Pronto, perdió la paciencia[595]. Invitó a todos los hombres de la familia de los «Abencerrajes» a cenar, treinta y seis en total, y mandó asesinarlos estando todos reunidos aquí. Cuentan que la sangre corrió hasta el patio esa noche.

La boca se me secó aún más cuando escuché esto.

Pasamos luego a las habitaciones del sultán. Eran cinco, dispuestas paralelamente. Tres de ellas estaban iluminadas por la luz del patio y las otras dos ofrecían sombra[596] para los días calurosos[597].

Desde la cámara central, el sultán tenía una vista privilegiada del patio: el oasis[598], las palmeras y la fuente de los leones en el centro.

En el techo había una secuencia[599] de pinturas que se extendía por las otras cámaras. Representaba esce-

---

[593] averiguar — herausbekommen
[594] vengarse — Vergeltung üben
[595] perder la paciencia — die Geduld verlieren
[596] la sombra — der Schatten
[597] caluroso/a — warm
[598] el oasis — die Oase
[599] la secuencia — die Folge

nas de la disputa⁶⁰⁰ entre un moro⁶⁰¹ y un cristiano por una mujer. El moro ya había dado muerte al cristiano en la cámara del lado sur.

«Sin duda, se trata de Zoraida», pensé, pero no me atreví⁶⁰² a decir nada.

—¿Es cierto que el Corán prohíbe pintar al ser humano y a los animales? —pregunté en cambio⁶⁰³.

—Alá es grande. Así es, el Corán prohíbe representar⁶⁰⁴ a seres vivos para impedir⁶⁰⁵ la idolatría⁶⁰⁶, pero esas pinturas fueron obra de un italiano, ¿sabe usted? Nosotros somos tolerantes —agregó mirando al capitán—. Judíos, cristianos y musulmanes convivimos⁶⁰⁷ en paz.

—Nosotros también lo somos —afirmó el capitán.

—Permítame contradecirle⁶⁰⁸. Mis espías⁶⁰⁹ me han informado de los planes de los Reyes Católicos para obligar a que todos en Granada se conviertan a su religión, y quemarán⁶¹⁰ al que no lo haga —dijo mirando

---

⁶⁰⁰ la disputa — der Streit
⁶⁰¹ el /la moro/a — der Maure, die Maurin
⁶⁰² atreverse — wagen, zutrauen
⁶⁰³ en cambio — dafür, wiederum
⁶⁰⁴ representar — darstellen
⁶⁰⁵ impedir — verhindern
⁶⁰⁶ la idolatría — die Idolatrie, der Götzendienst
⁶⁰⁷ convivir — zusammenleben
⁶⁰⁸ contradecir — widersprechen
⁶⁰⁹ el/la espía — der Spion/ die Spionin
⁶¹⁰ quemar — verbrennen

*Entramos en un patio que no era de este mundo*

el suelo y después quiso añadir[611] algo, pero calló.

Entramos en la última sala, la más hermosa de las tres, llamada «Las Dos Hermanas». El interior imitaba a una gruta natural con estalactitas[612].

—¿Por qué se llama así? —le pregunté al capitán, pero en voz alta esta vez.

—Por las dos losas[613] de mármol que hay en el centro. Son similares, pero algo diferentes... como dos hermanas gemelas[614] —contestó el sultán.

—¿Y dónde está el baño de vapor[615]? —volví a preguntar impaciente, ya que era lo que más me interesaba del palacio.

El capitán me echó una mirada fulminante[616] y el sultán sonrió con malicia[617].

—¿El Hammam? Solo los ciegos[618] pueden entrar ahí. No quieres perder tus ojos, ¿verdad? —preguntó el sultán clavándome[619] la mirada.

—¡No, Dios no lo quiera!

El sultán se adelantó, pero detuvo sus pasos de re-

---

[611] añadir — hinzufügen
[612] la estalactita — der Stalaktit
[613] la loza — die Steinplatte
[614] las/los hermanas/os gemelas/os — die Zwillinge
[615] el baño de vapor — das Dampfbad
[616] fulminante — blitzartig
[617] la malicia — die Verschlagenheit
[618] el/la ciego/a — der/die Blinde
[619] clavar — hier: anstarren

pente[620]. A continuación, se volvió, me miró a los ojos y volvió a preguntar:

—¿Por qué te interesan los baños, escudero?

—En mi pueblo la gente dice que ahí hay una sala donde el sultán reposa después del baño, tumbado sobre cojines y alfombras, mientras admira a sus esclavas desnudas[621] bailando al ritmo de las melodías interpretadas por músicos ciegos...

—Interesante, continúa —ordenó el sultán en tono amable.

—Y el sultán elige[622] a una, tirándole[623] una naranja, para pasar la noche con ella.

—La imaginación de la gente no tiene límites —indicó Boabdil con amargura[624] en la voz y se acercó más a nosotros añadiendo:

—Pues bien, ahora conoceréis mi decisión.

Su semblante[625] había cambiado. Mostraba los ojos enrojecidos y sentí un escalofrío[626].

—Decid a vuestros reyes que mañana abando-

---

[620] de repente — plötzlich
[621] desnuda/o — nackt
[622] elegir — auswählen
[623] tirar — werfen
[624] la amargura — die Bitterkeit
[625] el semblante — die Miene
[626] el escalofrío — der Schauder

naré[627] el palacio sin combatir[628].

Mi señor y yo nos miramos sorprendidos. En ese momento, una mujer gritó algunas palabras en árabe desde una pequeña ventana.

—Es mi madre, que protesta contra mi decisión.

—Entonces, ¿se rinde[629] sin pelear[630]? —preguntó el capitán escéptico[631].

—¿Quién triunfa en la guerra? ¿El que vence[632] o el que defiende un gran principio? —preguntó Boabdil.

—No comprendo bien —dijo el capitán.

—Seré el último rey moro de España. La historia me ha deparado[633] este destino[634]. Resistir solo ocasionaría muerte y destrucción. Contad a vuestros reyes las maravillas[635] que habéis visto en este palacio para que lo conserven... que su belleza sea admirada por las generaciones futuras.

—Así lo haremos —contestó el capitán respetuosamente.

Aquella tarde regresamos a nuestro campamento

---

[627] abandonar — verlassen
[628] combatir — kämpfen
[629] rendirse — sich ergeben
[630] pelear — kämpfen
[631] escéptico/a — skeptisch
[632] vencer — besiegen
[633] deparar — bereiten
[634] el destino — das Schicksal
[635] la maravilla — das Wunder

para notificar[636] las condiciones del sultán. De inmediato se envió una paloma mensajera[637] y, al día siguiente, entramos de nuevo en la Alhambra siguiendo a los Reyes Católicos.

---

[636] notificar — mitteilen
[637] la paloma mensajera — die Brieftaube

# LA MONEDA QUE CAYÓ DE UN ÁRBOL

Un día, mientras Abou pastoreaba[638] su rebaño de ovejas[639], un hombre montado sobre un caballo blanco pasó por el sendero[640]. El pelo del animal brillaba como la nieve. Como hacía mucho calor, el jinete[641] bajó de su montura[642]. Buscaba la sombra del árbol bajo el cual también Abou estaba recostado[643] y con los ojos cerrados. Después de varios minutos sin hablar, el hombre sacó de un bolso un pedazo[644] de queso y unas naranjas.

Le ofreció una fruta a Abou. Este abrió los ojos, la tomó y comenzó a pelarla[645].

—¡Qué tranquilidad hay en este lugar! ¡Qué dicha[646] la tuya! —le dijo el hombre al joven pastor[647] quien otra vez había cerrado los ojos.

—Me aburre[648] tanta paz —contestó Abou bostezando[649].

—Eres muy joven para apreciarla[650].

---

[638] pastorear — hüten, auf die Weide treiben
[639] el rebaño de ovejas — die Schafherde
[640] el sendero — der Pfad
[641] el jinete — der Reiter
[642] la montura — der Sattel bzw. das Reittier
[643] recostado/a — hingelegt
[644] el pedazo — das Stück
[645] pelar — schälen
[646] la dicha — das Glück
[647] el/la pastor/a — der Hirte, die Hirtin
[648] aburrir — langweilen
[649] bostezar — gähnen
[650] apreciar — schätzen

—Dices eso porque no tienes que vivir aquí, como yo. ¿Y tú, vienes de lejos? —preguntó Abou con los ojos ya entreabiertos.

—No, vivo en Granada. Soy comerciante de seda[651] y recorro[652] estos pueblos de las Alpujarras[653], donde se produce la mejor del mundo.

—¿Y quién te la compra?

—Los ricos. Mis clientes viven en Europa, en Oriente y Occidente, en África.

—¿Y en Granada?

—¡Muchos! Es una ciudad muy rica.

—¿De verdad? —preguntó Abou con los ojos ya muy abiertos.

—¿Nunca has estado allí?

—No, nunca he salido de mi pueblo... ¡Qué mala suerte!

—En Granada, el dinero crece en los árboles. Si te aburres aquí, ¿por qué no vas allá? Apreciarás[654] más estas tierras después. Bueno, debo continuar[655] mi camino —dijo el comerciante mientras se levantaba y se sacudía[656] el polvo[657].

---

[651] la seda — die Seide
[652] recorrer — durchreisen
[653] las Alpujarras — es una región de gran belleza situada en las provincias de Almería y Granada en las faldas (Bergabhang) de la Sierra Nevada.
[654] apreciar — schätzen
[655] continuar — fortsetzen
[656] sacudirse — abschütteln
[657] sacudirse el polvo — den Staub abschütteln

Aquella misma noche, Abou le anunció[658] al padre sus intenciones[659]:

—Padre, me marcho a Granada. Hoy por la tarde he encontrado a un hombre rico que me ha dicho que allá el dinero crece en los árboles.

—«El dinero *no* crece en los árboles» —corrigió el padre con el «no»—, es un antiguo dicho[660]. No has escuchado bien. Solo con trabajo se consigue.

—Estoy seguro que lo ha dicho así. ¿Has estado alguna vez en esa ciudad?

—No, pero...

—Tengo que verlo con mis propios ojos. Nada me detendrá[661].

—¿Y quién cuidará de las ovejas[662]? Tu hermano Mustafá es aún un niño e igual de perezoso[663] que tú.

—Pronto te enviaré dinero —contestó Abou entusiasmado[664]—. Ya no tendréis que trabajar más los campos.

A la mañana siguiente, salió rumbo[665] a Granada. Iba feliz. Después de tres días de camino, llegó al mediodía a la ciudad.

El calor quemaba[666]. Había pocas personas en la calle, pero esto no molestó a Abou. Al principio, estaba fascinado mirando las casas elegantísimas del ba-

---

[658] anunciar — ankündigen
[659] la intención — die Absicht
[660] el dicho — der Ausspruch
[661] detener — anhalten
[662] la oveja — das Schaf
[663] perezoso — faul
[664] entusiasmado/a — begeistert
[665] rumbo — die Richtung
[666] quemar — brennen

rrio del Albaicín, pero después sintió agotamiento[667]. Buscó un parque para recoger algo de dinero caído de los árboles. Solo necesitaba lo suficiente para pagar una abundante comida y comprarse otras ropas. Pronto descubrió un naranjo. Se dirigió[668] hacia él, pero únicamente encontró unas cuantas naranjas tiradas en el suelo. Cuando ya tenía el saco lleno de estas frutas, se sentó para dormir bajo la sombra de otro árbol cercano, uno de varios metros de altura y ramas grises... y ahí precisamente descubrió una moneda de oro. No se sorprendió y la tomó con gran naturalidad. «Ya encontraré después otras bajo los demás árboles», pensó. Durmió durante varias horas ahí.

Ya era tarde cuando despertó, y empezaba a oscurecer. Buscó más monedas bajo aquel árbol, pero no encontró nada... y después hizo lo mismo en otro cercano con idéntico resultado[669].

Ya había oscurecido completamente cuando decidió marcharse de ese parque para ir a cenar y buscar un alojamiento[670]. Estaba algo irritado, porque no había encontrado más monedas. «Tal vez ahora no es temporada[671]», pensó.

—¿Qué hay para cenar? —preguntó al hostelero[672]—. Tengo mucha hambre.

—Tenemos pierna de cordero y potaje[673] de judías[674].

---

[667] el agotamiento — die Erschöpfung
[668] dirigirse — laufen zu
[669] el resultado — das Resultat
[670] el alojamiento — die Unterkunft
[671] la temporada — die Saison
[672] el hostelero — der Gastwirt
[673] el potaje — der Eintopf
[674] el potaje de judías — der Bohneneintopf

—Tráemelos, y también una jarra[675] de vino. ¿Hay alguna cama libre en tu hostal?

—Solo la que reservamos a los comerciantes, pero es bastante cara.

—¿Es suficiente con esto? —preguntó Abou poniendo la moneda de oro sobre la mesa.

—Basta y sobra[676].

Abou casi había terminado de comer cuando el hostelero regresó acompañado por dos guardias.

—Este es el ladrón que me pagó con la moneda de oro.

—¿A quién se la robaste? —preguntó uno de los gendarmes.

—A nadie, es dinero que crece en los árboles.

—¿Nos ves cara de tontos? —comentó el otro gendarme, y ambos lo tomaron de los brazos.

—¡Es la verdad! ¡Lo juro! —gritaba Abou desesperado.

Pasó aquella noche en una celda[677] fría. Al día siguiente, lo presentaron ante el juez[678].

—¿Quieres contar la verdad o insistes[679] todavía en que arrancaste[680] la moneda del árbol? —preguntó el juez con una risa burlona[681].

—No la arranqué, la moneda cayó del árbol.

---

[675] la jarra — der Krug
[676] basta y sobra — das ist mehr als genug
[677] la celda — die Zelle
[678] el/la juez/a — der, die Richter/in
[679] insistir — auf etwas bestehen
[680] arrancar — ausreißen
[681] la risa burlona — das Hohngelächter

—¿A quién se la robaste? —el juez insistió ahora con tono severo[682].

Abou calló. Pensaba cómo convencerles[683] de que decía la verdad.

—«El que calla, otorga[684]», dice el refrán[685]. Cuando te corten la mano, recordarás quién es el dueño —amenazó[686] el juez y ordenó con un gesto que se lo llevaran para ejecutar la sentencia[687].

Una escolta[688] lo arrastró hasta una plaza. La multitud[689] se había reunido para presenciar[690] el castigo[691]. El verdugo[692] afilaba[693] ya su espada[694] cuando, de pronto, el sultán pasó por allí montado sobre un hermoso caballo negro y acompañado por una comitiva[695]. Todos los presentes[696] se inclinaron[697] haciendo una reverencia. El sultán se acercó.

—¿Qué ha hecho este joven? —preguntó.

—Es un ladrón, le cortaremos la mano —contestó el capitán de la guardia mirando al suelo como era costumbre al hablar con la máxima autoridad[698].

---

[682] severo/a — streng
[683] convencer — überzeugen
[684] el que calla, otorga — wer schweigt, stimmt zu.
[685] el refrán — das Sprichwort
[686] amenazar — bedrohen
[687] ejecutar la sentencia — das Urteil vollstrecken
[688] la escolta — die Garde
[689] la multitud — die Menge
[690] presenciar — (mit eigenen Augen) sehen
[691] el castigo — die Strafe
[692] el verdugo — der Henker
[693] afilar — anschleifen
[694] la espada — das Schwert
[695] la comitiva — das Gefolge
[696] los presentes — die Anwesenden
[697] inclinarse — sich verbeugen
[698] la máxima autoridad — die höchste Autorität

—Señor, no he robado ninguna moneda, ha caído de un árbol —explicó Abou mirando directamente al sultán.

—¿Desde cuándo los árboles dan dinero? —preguntó el sultán divertido[699].

—No lo sé, eso tienes que preguntárselo a tu acompañante[700]. Él me lo dijo —contestó Abou señalando con el dedo a un jinete[701] de la comitiva.

—No le hagáis caso[702], este chico está loco —advirtió el capitán de la guardia.

—¿No se acuerda de mí? —preguntó Abou al jinete, que ya se había acercado.

—¿Eres tú el pastor de las Alpujarras?

—¡Sí, lo soy! Decídselo a todos, señor —imploró[703] Abou al comerciante con las palmas de las manos[704] juntas frente al pecho.

El comerciante se acercó al sultán y le susurró[705] algo al oído. Este último soltó una carcajada[706].

—¡Dejadlo libre! —ordenó el monarca—. Mi amigo le convencerá[707] de que el dinero no crece en los árboles.

—¿Y la moneda de oro? —preguntó el capitán.

—Si nadie la reclama, comprad ropa y alimentos y luego repartidlos[708] entre los pobres —contestó el

---

[699] divertido/a — amüsiert
[700] el/la acompañante — der/die Begleiter/in
[701] el jinete — der Reiter
[702] hacer caso — beachten
[703] implorar — erbitten, flehen
[704] la palma de la mano — die Handfläche
[705] susurrar — flüstern
[706] soltar una carcajada — loslachen
[707] convencer — überzeugen

sultán antes de irse.

Abou siguió al comerciante a pie hasta una casa muy lujosa.

—Lo primero que tienes que aprender es que el dinero no crece en los árboles —explicó el comerciante mientras le ofrecía agua y frutas—. Conmigo lo aprenderás.

—Pero tú me lo dijiste... ¿o me engañaste[709]?

—No, las palabras son algo más que palabras.

Desde entonces, Abou trabajó al lado del comerciante. No tardó mucho en saber que de las hojas[710] del árbol de la morera[711] se alimenta el gusano[712] que produce la seda y también la riqueza[713].

Abou se convirtió[714] en un hombre trabajador y ayudante imprescindible[715] para el comerciante. Acompañándole, conoció muchos países de los que nunca antes había oído hablar. Pronto pudo mandar dinero a su padre.

Pasaron algunos años antes de poder visitar a su familia en las Alpujarras.

Montado en un caballo blanco, volvió al lugar en que antes pastoreaba. Le asombró haberse desacostumbrado[716] a los fuertes rayos[717] del sol durante su ausencia.

---

[708] repartir — verteilen
[709] engañar — betrügen
[710] la hoja — das Blatt
[711] el árbol de la morera — der Maulbeerbaum
[712] el gusano — der Wurm
[713] la riqueza — der Reichtum
[714] convertirse — sich verwandeln, werden
[715] imprescindible — unentbehrlich
[716] desacostumbrarse — abgewöhnen

Contempló el frondoso[718] árbol bajo el cual había pasado su niñez y el principio de la juventud. Al acercarse a él, vio a un pastor que dormía recargado en el tronco. Bajó de la cabalgadura[719] y se sentó a su lado.

—¡Qué tranquilidad hay en este lugar! ¡Qué dicha[720] la tuya! —dijo Abou al pastor, que tenía los ojos cerrados.

—Me aburre tanto silencio —contestó el joven bostezando.

—Todavía eres muy joven, no sabes apreciar lo bueno.

—Dices eso porque no tienes que vivir aquí, como yo. ¿Y tú, vienes de lejos?

—No, vivo en Granada. Soy comerciante de seda y recorro estos pueblos de la montaña, donde se produce la mejor seda del mundo. Después, la vendo.

—¿Y quién te la compra?

—Los ricos de este mundo. Mis clientes viven en muchos países.

—¿Y también hay ricos en Granada?

—¡Muchos! Granada es una ciudad muy rica.

—¿De verdad? —el joven pastor preguntó con los ojos ya más abiertos.

—¿Nunca has estado allí?

—No. Nunca he salido de mi pueblo, pero tengo un hermano en Granada.

---

[717] el rayo — der Strahl
[718] frondoso/a — belaubt
[719] la cabalgadura — das Reittier
[720] la dicha — das Glück

—En Granada el dinero crece en los árboles. Si te aburres[721] aquí, ¿por qué no vas allá? Apreciarás[722] más a estas tierras después.

---

[721] aburrirse — sich langweilen
[722] apreciar — schätzen

# ¿QUÉ FUE AL-ANDALUS?

Al-Andalus significa «tierra de vándalos[723]» en árabe. Fue una civilización magnífica que existió en la península ibérica.

Durante el siglo octavo (VIII) grupos y familias de nobles árabes y bereberes del Magreb[724] se asentaron[725] allí. El encuentro[726] de estos grupos con los habitantes nativos[727], los hispano-godos, casi siempre se produjo en un clima de tolerancia.

El florecimiento[728] de Al-Andalus comenzó con Abderrahman III y el Califato de Córdoba cerca del año 923.

Además de la admirable[729] arquitectura (la mezquita de Córdoba, por ejemplo) y el progreso intelectual y económico, destacó[730] la integración étnico-cultural entre bereberes, árabes, cristianos y judíos españoles o sefaradíes.

La convivencia entre estas culturas y religiones fue el fundamento de esa civilización que se convirtió en un puente entre Oriente y Occidente.

A causa de los diferentes conflictos surgidos entre

---

[723] Al Andalus — Land der Vandalen
[724] Berber aus Magreb — grupo étnico del norte de África
[725] asentarse — siedeln
[726] el encuentro — das Zusammentreffen
[727] los habitantes nativos — die Einheimischen
[728] el florecimiento — das Aufblühen
[729] admirable — bewundernswert
[730] destacar — hervorheben

los reyes del Al-Andalus, el monarca católico Alfonso VI pudo conquistar Toledo en 1085. Esta derrota[731] fue el principio del fin del Al-Andalus. Después, otras ciudades fueron también tomadas por los católicos: Córdoba en 1236; Jaén y Sevilla, posteriormente.

Cuando ya todo parecía perdido, una nueva dinastía, la Nazarí, surgió[732] en Granada. Su reino abarcaba[733] las regiones de Almería y Málaga, así como parte de Jaén y Murcia.

A pesar de la amenaza[734] cristiana, Granada se convirtió en una ciudad con maravillosas construcciones[735], como la Alhambra, y una cultura refinada.

Finalmente[736], el 2 de enero de 1492, los Reyes Católicos, Fernando de Aragón e Isabel la Católica, entraron en la ciudad ya conquistada.

Boabdil, el último rey moro[737], capituló sin oponer resistencia[738] salvando[739] así al palacio de la Alhambra.

La caída[740] de Granada puso fin[741] a Al-Andalus.

En un principio, los Reyes Católicos permitieron a

---

[731] la derrota — die Niederlage
[732] surgir — erscheinen
[733] abarcar — umschließen
[734] la amenaza — die Bedrohung
[735] la construcción — der Bau
[736] finalmente — schließlich
[737] moro/a — maurisch
[738] oponer resistencia — Widerstand leisten
[739] salvar — retten
[740] la caída — der Fall
[741] poner fin — ein Ende setzen

los musulmanes seguir practicando su religión. Sin embargo, unos años después, la Inquisición comenzó la persecución[742] y expulsó[743] de España tanto a musulmanes como[744] a judíos.

Una época de oscuridad cubrió[745] a toda España después.

---

[742] la persecución — die Verfolgung
[743] expulsar — vertreiben
[744] tanto... como — sowohl ... als (auch)
[745] cubrir — bedecken

# NOTAS

La mayor parte de las historias de este libro se inspiran en antiguos cuentos del Oriente que me han acompañado durante muchos años. Con seguridad podían oírse en las calles de Al Andalus en diferentes versiones. A veces, un mismo héroe tenía nombre árabe (Nasrudín) y otras, sefardí[746] (Yohá). Son relatos[747] que expresan las voces, el humor y el imaginario[748] de las tres culturas y de muchas más; son universales.

Otras tienen diferente origen, por ejemplo:

«Una historia de China», es un antiguo cuento taoísta muy popular. Nos muestra como la vida es cambio permanente. El sabio verdadero acepta la vida tal como es.

Parte de la inspiración para escribir «Boadbil» me la dieron los «Cuentos de la Alhambra», de Washington Irving, basados en leyendas de Granada. Pero sin duda, la motivación principal nació de mis visitas a la Alhambra.

«La moneda que cayó de un árbol» se basa en un dicho[749] español: «el dinero no crece en los árboles». Sobre él construí ese relato.

---

[746] sefardí— sephardisch, (judíos españoles)
[747] el relato — die Erzählung
[748] el imaginario — kollektives Gedächtnis
[749] el dicho — der Spruch

**Dr. José Antonio Fuentes y Colín** ist gebürtiger Mexikaner. Er ist Sozialwissenschaftler und studierte in Mexiko und promovierte in Paris. Sein Interesse liegt im Bereich der alternativen Methoden der Fremdsprachen-Didaktik. Anfang der neunziger Jahre absolvierte er eine Ausbildung in Suggestopädie an der Universität Essen. Danach begann er bei verschiedenen Organisationen Spanisch nach dieser Methode zu erteilen.

Er bildete sich auch in Sprachpsychodramaturgie (PDL) weiter bei Bernard Dufeu, Gründer dieser Methode, und er ist ebenfalls als Yoga - und Meditationslehrer seit vielen Jahren tätig. In der literarischen Reihe des Verlages Gernika, Mexiko, erschien im Jahr 1995 sein Roman „Gris Oxford".

www.superlearning-spanisch.de

Printed in Great Britain
by Amazon